# 耳の傾け方
こころの臨床家を目指す人たちへ

松木邦裕

岩崎学術出版社

はじめに──支持的な聴き方から精神分析的リスニングへ

　専門家としての聴き方を学び身に着けようとする人たちに向けて，本書は企てられました。

　聴くこと，それはまったく日常的な行為です。聞くともなく，人の話は耳に入ってきます。また，私たちが誰かにかかわろうとするとき，まずその人に声をかけたり，その人の話を聴くことから始めるでしょう。そのときの聴き方は，私たちが置かれている状況や目的によって大きく異なります。学校でいつもの授業を聴くとき，職場での重要な交渉事で相手の話を聴くとき，自宅での憩いのときに家族の話に耳を傾けるとき，電車の中や雑踏の中でそれとはなしに誰かの話が耳に入ってくるとき，こうした状況の違いで私たちの聴き方は変わりますが，そのとき私たちがどのような目的をどの程度の強さで持っているかによっても，聴き方は異なります。

　本書で私は，その状況と目的をはっきり限定しました。それは，臨床状況や支援場面においてその対象者のこころにかかわるための聴き方です。「こころの臨床家」という表現を本書ではたびたび使っていますが，こころを支援する職業での専門的な聴き方を著そうと努めました。それは同時に基礎技術でもあります。というのは，その援助が実効力を持つには，対象者のこころの苦痛・苦悩を適切に聴き取り，それに基づいてより深くより的確に理解することがその前提だからです。

　ちなみに「こころの臨床家」とは，困難を抱える，あるいはこころを病む患者にかかわる精神科医・心療内科医，小児科医，ひとりの人として患者に接する看護師，パーソナルな問題や課題を抱えたこころにかかわる心理職，その人の生活環境を調整し支えるソーシャルワーカー，アクティビティを通して支援する作業療法士，さまざまな支援福祉施設で働く援助職，ケアワーカー，教師，家裁調査官等の職業でのこころへのかかわりに意欲的な人た

ちを指しています。

　本書の展開を述べます。最初に，聴くことでの基本的な心構えである共感と受容を述べます。それから，聴くことの基本的な手技である支持的な聴き方を，ステップという表示のもとに順序立てて描き出しています。そこには深まりがあり，専門的な深い支持的な聴き方が最後に示されます。その支持的な聴き方を基盤に置きながら，新たな聴き方，すなわち精神分析的リスニングへと歩みを進めます。記述は，その聴き方の本態，実際，身に着け方，留意点等に及んでいます。本書の発想は臨床実践からのものなのですが，記述は教科書的であるかもしれません。しかし臨床描写を適宜挿入することで，より実践的な提示になることを目論みました。

目　次

はじめに──支持的な聴き方から精神分析的リスニングへ　　iii

イントロダクション

序　章　3
1. 耳を傾けること・こころを理解すること　3
2. 聴くことの学びと訓練　5
3. それから，深い聴き方へ　8

第1章　こころの臨床の基本──共感と受容　10
1. 講義で聞いた「共感と受容」　10
2. ずぶの素人の終わり──愚直な共感と受容　14
3. 聴くことの難しさ　16

第2章　こころに出会うこと──聴くことの目的　19
1. こころに出会う・触れることの難しさ　19
2. 聴くことによってこころに出会うこと　22

第Ⅰ部　支持的な聴き方
　　　　─こころに出会うための能動的な聴き方─

第3章　能動的な聴き方　27
1. 能動的に聴く　27
2. 何かを聴き取ろうとする聴き方　30

第4章　聴き方 ステップ①　基本的な聴き方
　　　　──批判を入れず，ひたすら耳を傾ける　*33*

　1. 私たちの足を入れてみること　*33*
　2. 沈黙を学ぶ　*36*
　3. もうひとつの臨床例　*38*
　4. 聴き方を身に着ける方法　*48*

第5章　聴き方 ステップ②　離れて聴く
　　　　──客観的な聴き方の併用　*52*

　1. 客観的に聴く　*52*
　2. 経験の少ない頃　*57*
　3. 自己のスプリット　*58*
　4. ほどよいバランスを育てる　*59*
　5. 手助け　*64*

第6章　聴き方 ステップ③　私たち自身の思いと重ねて聴く　*66*

　1. 深いところからの共感
　　　──こころの臨床の専門家としての聴き方　*66*
　2. 「それは私にはない」　*69*
　3. ここで理論から少し　*72*
　4. 自らが触れえたこころの深みまでしか，
　　 他者は理解できない　*73*
　5. 有効な手助け　*77*
　6. 聴き方 ステップ③の含む危うさ　*78*

第7章　聴き方 ステップ④
　　　　同じ感覚にあるずれを細部に感じ取る　*81*

　1. ずれを細部に感じる　*81*
　2. もうひとつの例　*85*
　3. 支持的聴き方としての到達点　*87*
　4. 振り返り：聴き方のステップ ①→②→③→④　*90*

第II部　精神分析的リスニング—こころを感知する聴き方—

精神分析的リスニングとはどんなものか　*95*

第8章　聴き方 ステップ⑤　無注意の聴き方　*101*
1. さらにあるもうひとつのステップ　*101*
2. 聴き方 ステップ①から④までを退ける　*102*
3. どうすればよいか　*105*
4. もうひとつのヴィネット　*108*
5. パースペクティヴの変換
　　——クライエント/患者のこころの世界内に住んで聴く　*111*
6. 転移——クライエント/患者によって面接室全体に投影同一化されるこころの世界　*116*
7. 転移の中での聴くこと　*119*

第9章　聴き方 ステップ⑥　平等に漂う注意をもって聴く　*128*
1. 方法——「あえて，自分を盲目にする」から「平等に万遍なく漂う注意」へ　*128*
2. 無注意の注意をもって聴くこころの在り様　*131*
3. 2つの「平等に万遍なく漂う注意」という実践方法　*132*
4. 平等に万遍なく漂う注意を向ける聴き方　*133*
5. 平等に万遍なく漂う注意を向けない聴き方　*140*
6. 臨床実践での実際　*145*
7. 平等に万遍なく漂う注意という聴き方の学習法と訓練　*147*

終　章　「負の能力」を育てる　*156*
1. "学　び"　*156*
2. わからないこと　*157*

附表　聴き方——支持的聴き方から精神分析的リスニングまで　*160*

文　献　*163*

あとがき
　　——もしくは，こころの臨床での専門家を目指す人たちへ　*165*

人名索引　*167*

事項索引　*168*

イントロダクション

序　章

1. 耳を傾けること・こころを理解すること

耳を傾けること・こころを理解すること

　私たちは，こころを理解することから始める必要があります。ここで言うこころとは，その人がその人であるからこそ抱く独自な"思い"，"こころの痛み"，"苦悩"です。

　その理解とは，その人の行動や振る舞い，知覚や思考や感情の解析ではありません。行動や振る舞い，知覚や思考，感情も理解の対象には入りますが，それらの表出形態はこころから派生しているものなので，それらの客観的な解析に留まらず，行動や振る舞い，思考，そして情緒やフィーリングを**その人の主体的な思いに収斂させていくこと**が，こころを理解することなのです。

　このように，こころを理解するために私たちは耳を傾けるのです。そして実際，私たちが誰かと出会っているときには，それが心理療法・精神療法やカウンセリングと呼ばれる臨床心理面接のどれであろうと，はたまた医療場面やソーシャルワーク，学校・司法場面での面接であろうと，もしくは何かの作業やアクティビティ，集団活動の最中であろうと，耳を傾けること，すなわち聴くことがその中心です。まず，その援助対象者がいて，私たちがいます。ですから，私たちは話し手であるよりも，まず聴き手なのです。そして，よい話し手になるよりも，よい聴き手になることこそが求められているのです。

　だが，それだけでないのも事実です。出会いにおいて私たちは，その人を

見て，嗅いでと，他の感覚も活用しています。それらの感覚から得る情報もその人を理解するのに有用かつ不可欠です。「百聞は一見にしかず」という諺が出会いに実感されることも少なくありません。また，その人が持ち込んでいる臭いや香りが貴重な情報になることもあります。しかしそれでも，私たちのかかわりの中心はやはり耳を傾けることなのです。

「耳を傾けること」

「それとはなしに聞いてしまった」といった表現があるように，聞くという行為は何ら活動を起こさない受身の立場でもできるものです。目や口は閉じることで入ってくる新たな刺激の遮断がなされますが，耳には蓋がありませんから，外の音はそのまま自然に入ってきます。つまり，聴こうとしなくても聴こえるものなのです。ゆえに漢字「聞」は，門という敷地の出入り口に構えられている構造物の開かれている部分に耳が入っているのでしょう。しかし，私たちがこころを理解しようとしておこなう"聴く"という行為は，明らかに能動的なものです。「耳を傾ける」という表現は，聴くことのそうした能動性を的確に表わしていることばです。

これが「耳を傾ける」という表現を私がここに採用したもうひとつの，そして私には重要に感じられている理由です。というのは，臨床場面でしばしばクライエントや患者から「ただ，聞いているだけ」と軽蔑や皮肉を込めて揶揄されることがあるように，聴くという行為は，誰にでもできる受身的な行為とされてしまいやすいのです。「ただ，聞いているだけ」と言われることは，私たちが聴くことに加えて何かをしないといけない，つまり何かを成就する行動が必要であると切迫して駆り立てられることになりやすいのです。つまるところ，それは迫害的圧迫を私たちが強く感じていて，それに耐えられず行動での解消を企てているのです。しかしその人の話を聴き，そこからその人のこころを，どのように深くこまやかに理解できるかは，こころの臨床の中核的な達成課題ですし，臨床実践での次のステップ——それは行動でありえるもの——を踏み出すための前提となる不可欠な作業です。その作業を遂行する能動性が，「耳を傾ける」との表現に含蓄されています。

聴く力をつける

　ところで，近年は精神機能評価や症状評価，発達評価のためのスケールが作成・使用されています。それらの評価表は点数化という形の視覚的なものであるとの反論が出るかもしれません。しかしながら実際のところ，それらのデータ収集のための言語的なやりとりにおいては，聴くことは必要不可欠です。いやむしろ，聴く力が十分に備わっていないと表面的，形式的な評価に終わり，正確な評価はできないでしょう。それに，評価スケールで認識・把握できるようなことは，耳を傾けることによるこころの理解で把握できるのが，こころの臨床家だと私は思います。水着の機能向上に頼る水泳選手やシューズやトラック舗装の向上に頼る陸上選手にはなりたくないものです。

2．聴くことの学びと訓練

熱心に聴く

　クライエント/患者のこころを理解しようと聴くとき，彼/彼女の語ることにただ一心不乱に集中すればよいというものではないのです。熱心に一心不乱に集中すること，それ自体が余裕のなさに通じますし，どこかに集中することは別の何かを削ぎ落としてしまいます。結果的に，それは聴くことの妨げになりうるのです。それでは，どのように聴くのが望ましいのでしょうか。それが，本書を通して私が伝えようと思っていることです。

聴く力に必要な学習と訓練

　こころの臨床家としての専門的な聴き方，耳の傾け方には，それを身に着けるための学習の手順があり，それに沿った学習や練習，つまり訓練——指導組織の指導者について組織的系統的に実践的教えを受ける——が必要なのです。

　どんな職業にしても，学習や訓練を経ないで専門家を標榜できる職業はないと思います。しかしながら私が出会っている大学院生や臨床心理士資格を

得てまもない人たちの中には，聞くという行為は私たちがこの世に生れ出たそのときから行っているあまりに日常的な行為であるためか，専門領域で働いていると自然に身に着くと考えている人たちも少なくないように思えます。精神科医にもそのような考え方をする人が多いようにも思えます。しかしながら，系統的な訓練なしに専門的な聴く力を身に着けている人を，実際のところ，私は知りません。こうした安直な考え方をしている臨床家は，その本人が思うほどには聴く力をつけていません。

実際，こころを理解するための耳の傾け方の難しさは，臨床経験を重ねれば重ねるほどに実感されるものです。もしそれが感じられていないとしたら，その人の臨床姿勢，人にかかわる姿勢には重大な問題があるにちがいありません。

丹念な学習と訓練

この聴き方を身に着けることの難しさのひとつには，実践での聴くことの困難さへの気づきを何度も重ねながら，その要所を少しずつ身に着けていくものであるという，時間をかけた細心と根気が求められるところにあります。促成栽培はできないものなのです。進歩には，3年，5年，10年，20年といった歳月が必要です。そしてそれを向上させるのは，普段の私たちの心がけであり，そして日々の積み重ねです。その「聴く」という日常的な経験の過程で，自分自身の聴くことの質，理解することの質を査定することを私たちが怠りなく心掛けておくことの実践にあると思います。

上級者に学ぶ

聴くことの学習や訓練に，スーパーバイザーによる実践的指導が大きな援助となるのは確かです。それは個人スーパービジョンでもグループスーパービジョンでも有用ですが，やはり個人スーパービジョンが面接場面に近い設定であり，聴くそのポイントだけでなく，スーパーバイザーの聴く姿勢を実感できるものです。加えて複数のスーパーバイザー体験は，それぞれのスーパーバイザーの聴く姿勢での長所や短所から多くを学び，私たちの聴き方

を向上させてくれるでしょう。また，上級者の面接に陪席する機会も有用です。しかし，現実にはその面接がクライエント/患者のパーソナルな課題を扱うものであるほどに，そうした機会は得られ難いものでしょう。一方，面接者自身が個人療法を受けることは，聴かれる側として聴き方を直に体験する，他に代えがたい大変有用な機会です。これらの学ぶ機会，訓練の機会については折に触れ述べてみたいと思います。

患者/クライエントに学ぶ

そして実際には，私たちが出会いの場面で，聴くこと，理解することをこころしてクライエント/患者に対応しているのなら，彼/彼女が私たちの聴き方の質や水準がどのような状態や水準なのかをさまざまなやり方で示してくれます。患者/クライエントからの示唆，ヒント，アドバイスは常に与えられているのです。言い換えれば，臨床場面でのスーパーバイザーを患者／クライエントが担ってもくれているのです。ただそれに気づくには，やはりそのための準備，すなわちクライエント/患者によるその質のコミュニケーションがわかろうとする臨床姿勢や聴き方を身に着けるための学びと訓練が必要なのです。

「木のことは，木に聴け」ということばが大工の世界にあるとのことですが，大工のスーパーバイザーはその人の棟梁だけでなく，目の前の木そのものなのでしょう。ただ，もちろんそれにも，耳を傾けようとする謙虚かつ真摯な姿勢が求められているのですが。臨床において「クライエント/患者の思いを尊重しましょう」，「クライエント/患者の語りを大事にしましょう」とは，よく言われることです。その尊重する，大事にすることの重要な姿勢が，この謙虚に学ぶ聴き方であると思います。

本書のような書物だけで聴き方が身に着けられるものではないのは間違いありません。しかしながら，スーパービジョン，ケース検討会，自らが受ける心理療法・精神分析を通して聴き方を学ぶときに，ひとつの地図やモデルを持って学ぶことはより効果的な学習をもたらすのではないかと私は思います。こころの臨床を志す人がそのために本書を使ってくれるのなら，本書の

意義がそこに生まれるかもしれないと私は考えています。

3. それから，深い聴き方へ

聴くことの深さ

　こころを理解するための聴き方では，聴くことの深さ，理解の深さ，そしてそれに伴う細やかさが必要となります。すなわち，語られているその内容を文字通りそのまま聴き取るという表面的な聴き方にとどまらず，クライエント/患者のこころの直(じか)には表されていないところ，ときとしてその人自身も気が付いていなかった潜在的な思い，こころの奥底に置かれている思いに行き届き，それに触れる聴き方が求められます。

　この聴き方に，ことばを使うなら，"深い聴き方"といえるでしょうか。それは，聴かれている人が，「私の真の思いが理解されている」，「私のほんとうの思いをわかってくれた」，「確かに，こころの深いところでは私はそう思い続けていた。その思いに気づいてもらっている」という意味深い私的な情緒体験として味わうものです。こころの苦しみや痛みを抱えている人たちがほんとうに援助されたと感じるには，この聴かれる体験は必要不可欠であると言ってよいものです。

精神分析的リスニング

　深い聴き方をもっとも推し進めたもの，その代表的なものに，精神分析での聴き方があります。それは，もっとも深い聴き方として知られているものでしょう。

　フロイトはその方法を「平等に漂う注意」をもって聴くことと述べました。フロイトの提示したこの聴き方は，近年，ビオンが述べた「記憶なく，欲望なく」聴くことと表現されることも多くなっています。これは一見，共感しようという能動的な意志を持って聴くこととは，かなり対照的に感じられる方法です。確かに，前田重治はこの方法を「無注意の注意」をもって聴くことであると述べました。フロイトやビオン，前田が述べたこの聴き方が深い

聴き方になるとはとても思えない，と疑わしく思われる方もおられるでしょう。しかしそうした疑いが浮かぶゆえに，この精神分析の聴き方を実践的に理解することは大切と思われます。本書ではそこにも進みます。この聴き方の獲得には十分な臨床経験と訓練が必要なのですが，本書ではその達成のための学習手順も折に触れ述べていきたいと思います。

　それでは，歩を進めましょう。

第 1 章　こころの臨床の基本——共感と受容

1. 講義で聞いた「共感と受容」

　こころの臨床家の基本的な心得として，「共感と受容」ということばが広まって久しくなります。とりわけ重要なキーワードとして，初めての臨床の場で，あるいは大学の講義で聞いた人は多いのではないでしょうか。私も初めての臨床の場でのオリエンテーション・レクチャーで「共感と受容」，あるいは「受容と共感」を耳にしました。

　臨床家にとってクライエント/患者のこころに共感し受容することは，その営為に確かに不可欠なものであり，ふたりの関係が協働するものとして成立するための基本条件であると私も思います。それは，クライエント/患者の思いや行動を肯定的に受容する支持療法の基本であり，あらゆる職種に通底している基礎的な臨床姿勢です。

どのようにしたら，共感？ 受容？

　それでは，実際のところ，どのような接し方，耳の傾け方が共感であり受容なのか，それこそが重要なポイントです。初心の頃にこの課題に悩まなかった臨床家はいないのではないかと思います。そして，現在もこの課題，「共感と受容」に悩み続けている人も少なくないのではないでしょうか。実践の場面で苦悩を深刻に訴えるクライエント/患者を目の前にして，はたと戸惑う，この人を「受容」するってどうすることなんだ，この人への「共感」ってどんな気持ちになることなんだという思いです。

もし悩まなかったとしたら，それは自分の行っていることにのみ力点が置かれ，他者にどのように受け取られるのかという，かかわる他者との相互交流という考え方ができない，他者の視点に自分を置けないという，臨床家としての在り方の本質にかかわる重要な問題がその人にあることを示していそうです。

　「共感と受容」という課題は，子どもの頃に自転車の乗り方を教えてもらっているときに，『両目でしっかり前を見て，両手でハンドルを強く握り，続いて両足に交互に力を入れてペダルを漕ぎなさい』とことばで言われても，それでは実際にどう力を入れてどう動かし，また上半身の力の入れ具合や身体全体のバランスはどうしたらよいのかと多くのことに当惑せざるをえないことと似ています。それはことばで教えられるだけでなく，実際に自転車を乗りこなしている人から直に習いつつ自ら実践することでつかむだろうものです。自転車という，私たちの操作行動がそのままその動きに反映されるものならまだしも，その反応をつかむにも焦点が把握し難いひとの反応から課題が達成されているのかどうかを知るのは遥かに難しいものです。

初心時の経験から

　私は働き始めたその年の春，所属する病院組織の長から「患者に共感し，患者の思いを受容しなさい。そのために，まず，黙って傾聴しなさい」という教えを受けました。初心の私は，それを文字通りに実行することを心掛けました。すなわち，できるだけ黙って口を挟まず，相手の語ることにひたすら耳を傾け，語られる内容と思いに同意するとの姿勢が共感であり受容であると考え，それを実践しようとしました。

　確かに，私の方が何かを言う前に，まず患者の言うことに十分に耳を傾けるようにするという態度は，患者その人と患者の抱える苦しみを真摯に受け止めていることのひとつの表現として，信頼関係を築くのに有用に感じられました。これは新鮮な体験でした。最初のふたりの患者は，そうした私の姿勢に好感を抱いてくれ，まだ若かった私への信頼を高めてくれたようでした。しかしながら，実践してみると，きちんと傾聴するにはそのための時間をあ

らかじめ十分に確保しておく必要があることがわかりました。また，患者の話が途切れなく綿々と続いているときに，どこで話を打ち切るかが大変難しいときがあることも知りました。話の切り上げ方次第では，反受容，反共感になりそうで不安でした。

　また，患者があまりに極端な見解や異常な考えを滔々とまくし立てているときに黙って聴き続けるのは，聴いている身としてはかなり苦しいものであることもわかりました。偏った考えを是正し私の思う正しいことを言いたくなるのですが，そうするのは共感や受容ではないのだと，自分を抑えるのが一苦労でした。そうしたときは，面接の後に燻ぶったものがこころに溜まる感じがありました。特定の患者の話を聴くたびに，溜まったものが増えていく感じがあり，その溜まったものをよそで出したい思いが強まりました。さらには，私がただ聴いているだけで何のアドバイスや指示もくれないと不満に感じる患者もいるという問題も現れてきました。このような難しさにも出会いましたが，しかし概ね，まず黙って傾聴することは重要な基本であることは，体験的に理解できてきたようでした。

ひとりの女性患者

　そうして働き始めて半年ほどたった頃です。「心気症」，今日で言う「身体化障害」を受け持つことになりました。全身に及んでからだのあちらこちらが痛くて苦しく，20年以上にわたって日常生活で何もできない，寝ているばかりであると訴える，見るからに神経質そうなやせた中年女性を担当しました。検査のための1，2カ月の入院という契約で先輩医師が入院させた人でした。私が入院中の主治医を命じられたのです。

　その最初から，彼女はしかめた表情で身体各所のひどい痛みがいかにつらいか，なんと長い間苦しんできているかを私に執拗に訴えました。話題はそうした身体の痛みやそのために普通の生活が営めないことの繰り返しばかりでまったく他には広がらないものでした。私は共感と受容の姿勢を頭に置いて聴き入り，必要な検査についての説明やその実施を伝えていきました。一方私や病棟スタッフの観察する範囲では，彼女は人手を借りることなく，け

っこう快活に動き元気そうに振る舞っていました．また，同じ病室の他患者たちとも楽しく談笑していました．ですから，私は実際のところ彼女の痛みの執拗な訴えに真摯に耳を傾けて共感を表してはいたものの，感覚的にはそれには実感がいまひとつ持てないままでした．しかし初心の私には支持的なかかわりしかできませんし，共感することとは，たとえ実感がなくてもその女性の訴えや苦しみに熱心に耳を傾けることであると考え，傾聴し続けました．

こうして身体の検査のための一定の入院期間が過ぎ，私は上司から退院の日を彼女に伝えるように言われ，ベッドサイドでそれを伝えました．その途端，この女性が表情も露わに猛烈に怒り出しました．

それまでは，からだの痛みはしつこく訴えても，私との間では全体としてなごやかな雰囲気が保たれていましたので，私は彼女の豹変に内心大きく驚きました．しかしながら，彼女のこの激しい怒りこそを私は共感し受容しないといけないと考え，私は口を挟まず，彼女の口からほとばしる，退院させられることへの憤懣と怒りを傾聴し続けました．けれどもその猛烈な怒りは収まるところを知らず，さらにエスカレートし，私は非難され続け，すっかり圧倒されました．

『激痛に苦しみ，何もできない，まったくどこもよくなっていない自分がどうして退院しないといけないのか』との彼女の発言には，私が聴いている限りでは彼女の一方的な思い込みや誤解が少なからず入っていたのですが，それらを指摘することは"反‐共感的"にちがいないと私は考え，ただ黙って傾聴し続けました．彼女を退院させようとする私や施設への非難は執拗に続きました．やがて私は責められ続ける自分自身を，何かとんでもないひどいことを彼女にしている極悪人であるかのように罪意識らしきものを感じ始めました．その感覚の苦痛から，受容として『わかりました．これからも入院を続けてください』と私は言いたかったのですが，私にはそんな権限はありません．さらに彼女は，ある有力関係者の名前を出して私を脅かしました．実際，彼女がその有力者に訴え，その結果私は病院から排除されるのではないかと，その場で私は空想し怯えました（そのときに聞いた有力者の氏名を

今も覚えているほどです)。また，ひどく情けない思いでした。彼女の猛烈な怒りと憎しみに私は打ちのめされ，ほとんどサンドバック状態でした。

その一方で，『痛みのために何もできないで，横たわっているだけだ』と訴えている彼女が，常人を超えたエネルギッシュさで怒り続けることに内心感心してもいましたが，もちろん，そのようなことは言いませんでした。"受容"に反すると思ったからです。また，じっと傾聴しながら，「何でこうなっているのだろう」と離れたところで私たちふたりを傍観している自分がいることを，ふと感じたりしました。私のこころはこの状況から生み出される感情の苦痛にもはや耐えられず，自己の一部を乖離させていたのでしょう。

およそ2時間近く経った頃，さすがに彼女も怒り疲れたようで，『あなたに言ってもしかたありません』と不機嫌さは露わにしたまま，私を解放してくれました。解放されて，若かった私は心底ほっとしましたが，「傾聴とは，また受容と共感とは，大変なものだ」としみじみ思いました。

2．ずぶの素人の終わり──愚直な共感と受容

同僚の経験

この頃，同じ年に働き始めた男性同僚に歯痛が起こりました。彼は，入院中に危険な行動をたびたび起こしていた中年の重いヒステリー女性を受け持っていました。オリエンテーションで私と同じ教えを受けていた彼は，病棟でのその女性の奔放な行動にきりきり舞いしながらも，彼女の思いを共感し受容しなければと，極めて真剣でした。そこで彼は，「この歯の痛みは受容し共感することへの抵抗としての自らに起こった心身症に違いない。安易に身体の問題にしてはならない」と考えました。ですから歯痛は激しさを増していきましたが，彼はじっと我慢し働き続けました。ところがそうしているうちに，ある朝彼の右の頰は大きく腫れ上がり，熱発しました。もう我慢ができないと，彼は急遽歯科を受診しました。診察にあたった歯科医はそのひどさに驚き，親不知が化膿してひどい歯髄炎を起こしているので直ちにその歯を抜きます，ということで直ちに抜歯処置に取りかかりました。この外科

処置によって，激しい歯痛も腫脹もすっかり消滅しました。

　この件がひと段落した後彼は，苦笑いしながら，しかししみじみと『共感と受容は，なかなか大変なものだねえ』と私たちに言ったものでした。

まる飲みしていることへの気づき

　私たちはまさに初心のときに，傾聴，そして共感と受容というこころの臨床での基本姿勢を学び，それをそのまま実行しようと試みました。それは，言い換えれば，支持的精神療法・支持的心理療法と呼ばれる基本的アプローチです。実際，それがうまく働いたように感じられるときがありました。その一方で，それではまるで歯が立たなかったり，困窮極まる状況に陥ってしまうときもありました。

　そこにあった問題は，"傾聴"といいながら，私たちが患者の発言をただまる飲みしていただけだったことです。それらの発言にある思いを嚙みしめ味わうことができていませんでした。どのように嚙んで味わうかがまだわかっていませんでした。また，"共感と受容"についても同じことが言えました。患者のこころとつながりを持って共感し受容するというプロセスもわからず，ただ私たちが共感と受容と考えるものを一方的に体現しようとしていたにすぎませんでした。ですから，私たちとのつながりを積極的に作ってくれる患者との間では，このやり方がなんとかよい方に働きました。しかしつながりを持とうしない，もしくはつながりを拒絶する患者との間では，共感と受容は真には成立しえなかったのです。

　体当たりの臨床実践の中でこのような事態に直面し，そこにある問題にうっすらと気づくことを通して，ずぶの素人の臨床家から私たちは抜け出し始めたようでした。痛い経験も多くありましたが，"共感と受容"を愚直に実践しようとしたことで，経験から学ぶ機会も得られたのであろうと思います。

3. 聴くことの難しさ

もうひとつの経験

別の事態もありました。当時私はある若い男性と面接していましたが，私の問いに彼は答えてくれず，別の話を始めてしまいます。話がすぐに逸れるのです。私の聞きたい答えがなかなか得られませんでした。若かった私は，臨床カンファレンスでのケース提示も近々あるし，必要な事項はきちんと聴いておかねばならないとあせりを感じました。しかし当然ながら，彼はそうした私の思いを頓着することなく，彼の話したい別の話題を続けました。

カンファレンスまでの時間の猶予がなくなった私は，"共感と受容"を頭には置きながらも，私にとって獲得しておくべき必要事項と思えるところを彼から何とか聞き出そうと，その彼に問いを次々に投げかけることになりました。そのときには意識できていなかったのですが，私の問いかけは詰問になっていました。面接の後，この面接記録を読んだ先輩から，『これは，まるで警察の尋問だな』と笑いながら言われてしまったのでした。今振り返ってみてもその指摘の通りだったのですが，こころには"傾聴"，"共感と受容"ということばがあっても，それを実行できないという事態のもうひとつの典型例でした。

熱意を持って聴くことへの疑問

この数年，初心の心理臨床家を育てる仕事に携わるようになって，耳を傾けることの難しさを改めて実感するようになりました。

こころの臨床家には必須である，こころを理解すること，耳を傾けることには，その方法をきちんと学ぶこと，そしてそれを，臨床力を十分に備えた指導者の下での適切な訓練を通して確実に身に着けること，という両者のための長い期間が必要なのです。熱意や頭で理解して自己流を通しているだけでは，ほんとうには身に着かないのです。

クライエント/患者に向かって『どんなことでもお話しください。しっかりお聞きします』，『一生懸命，お聞きします』と，初心の臨床家は真剣に言

います。その真剣さは，貴重なものであり，大切にしたいものです。しかし，それは，ときとして親の熱意が子どもには苦痛や絶望を生み出すように，一方通行の熱意なのかもしれません。あるいは，まるで告白を迫られているように聞き取られてしまうかもしれません。また実際的に，どのように聴くことが，"しっかり"聴くことなのでしょうか。"一生懸命に"聴くことなのでしょうか。もちろん，"ちゃらんぽらん"に，あるいは"いい加減"に聴くことがまずいことは明白です。では，その正反対である，"しっかり聴く"こと，"一生懸命に聴く"ことを正しいこととして貫くべきなのでしょうか。いやむしろ，それもこころを聴く，傾聴するという作業では妨げになってしまうことがあるのかもしれないのです。これらの可能性を考えることの大切さを私たちは学ばねばなりません。答えは，出会っていくクライエント/患者に添いながら，捜され続けるものではないかと思います。

　大学で学生を指導しているある精神科医が言いました。『共感と受容は大変重要です。共感と受容に関する項目は，クライエントに向けた質問リストに入っていますから，そのリストに則って順次訊くとクリアできます』，と。万事休すとはこのことを言うのでしょう。質問リストを読んで尋ねることと，私たちが傾聴しつつこころに触れながら問いを発することはまったく異なっています。

　　　ある若い男性臨床家が女子高校生と面接していました。彼女は，日常生活で両親がときには彼女を叩いたりするほどにただ彼女に厳しく叱責するばかりで，まるで理解しようとしないさまをさまざまな例を挙げ，面接者に訴え続けました。"しっかりと"聴いていた彼は，彼女を大変かわいそうに思い，両親に強い怒りを感じました。しかしながらその一方で彼女は，次から次にまるで日替わりのように，交際する男性を変えている様子を何でもないことのような軽い雰囲気で話し，そこには明らかに性愛的な色彩が含まれていました。この話に彼は強い不快を感じるとともに，セラピストとして放置してはいけない事態ではないかと責任や罪悪を感じました。しかしながら彼は自分自身のこれらの思いをどの

ように扱っていいのかがわからないので，それを抑えてさらに真剣に聴き共感することにしました。

　そうしたときのある面接において，彼女はやや唐突に『私は，語りかけてくる神様の声が子どもの頃から聴こえているんです』と真面目な顔で語り始めました。自分の部屋にひとりでいるときには，彼女は神様と対話しているとのことでした。そしてこの頃神様が彼女に"死"を勧めるというのです。神様は"あなたは空を飛べるから，あのビルの屋上から飛び降りてごらん"と囁いてくると言い，さらにいかに具体的に"死"を勧められているかを語り続けました。

　彼女のこの話に，彼はすっかり度肝を抜かれてしまいました。"テキストに載っている精神病の状態だ。この子は精神病になっている。これは危機だ，火急の事態だ"と考え，即座に対処しなければならないと瞬時に思い詰め，彼女の話を遮りました。そして彼女に，『あなたは大変危険な状態にあります。これからすぐに精神科を受診してください』と伝え，面接を終わりにしました。

　後日，この面接経過の報告を聴きながら私は，この女子高校生は今まで経験したこともないほどに熱心に耳を傾けてくれる若い男性治療者が，いったい彼女のどこに関心を持っているのか——両親に責められる彼女に同情してくれているのか，それとも，性的関心を持っているのか，彼女を純粋に好きなのか，彼女に腹を立てているのか，彼女をからかっているのか等——を知りたくて，この女性流のやり方で，それは実際のところヒステリカルな方法ですが，切り込んできたのだなと思いました。真剣に聴くことで面接者が意識的にコントロールすることなく持ち込んできている強力な情緒に，彼女は——意味が理解できない強力なフィーリングが自分に向けられ続けていると感じ——反応し，心的に退行して乳幼児的空想を持ち出したと思えました。そして，そのことがまた，若い面接者にはわからないことでした。聴き方は真剣なものでしたが，その聴き方からは理解は生まれてこないものだったのです。

第2章　こころに出会うこと——聴くことの目的

1. こころに出会う・触れることの難しさ

　ここで改めて述べるまでもありませんが，臨床場面での聴くこと，耳を傾けることの目的は，その語っている人のこころに出会う，その人のこころに触れることです。最初に取り上げました「共感と受容」も，こころに出会って初めて，ほんとうのそれらになるのです。しかしながら，聴くことが目指すこの目的は安易に達成されるものではありません。聞いている側がみずからのこころの平穏を守るために行う知的な聴き方や表面的な親しみでは，こころに出会うことは達成されません。それはこころに出会っている"かのような"聴き方，接し方にすぎないのです。

知的な認知，知的な理解という"かのような"理解

　こころの臨床での聴くことは，語られる内容を正確に理解することではありません。その心がけはもちろん保持していなければなりませんが，正確に理解しようとすることは，こころの臨床家としては不正確な聴き方をすることになりかねません。というのは，こころの臨床では，クライエント/患者の思いを聴くことこそが重要だからです。思いこそが，彼/彼女のこころの実体であり，こころから表出されているものなのです。思いとは，感情・フィーリング，思考，空想が合わさって形作られています。

　こころを理解することは，その思いに出会うこと，触れることから始まります。そして，自分の抱える苦しい思いに触れられることは，クライエ

ント/患者にとって強力なサポートになるものです。そしてそのためには，彼/彼女の思いを遮断せず，私たちのこころに受け入れることが必要です。そのときに，私たちは自身の感情・フィーリング・思いに触れていて，それらがどんなものかがわかっていることが前提として求められます。それによって，彼/彼女の思いを私たちは触れられるのです。そしてそれから私たちは，喜び，悲しみ，痛み等のさまざまな感情と思いを私たちの中で味わうのです。

　そうなのですから，こころを理解するための聴き方を通して"こころに出会うこと"，"こころに触れること"は，彼/彼女の思考や感情を客観視して名前をつけ，既得の観念や論理を操作して説明するといった知的な作業ではありません。「アスペルガー障害（高機能自閉症）」とされる人たちは，正常な知的能力を有するも，"思い"という自らのこころに生じてくるものが感知できないゆえに，"気持ちを察する"ことができず，円滑な人間関係を築けないのです。彼らは他者の"こころ"を感知できません。他者のこころに湧くもの――感情やフィーリングを内包する思い――に触れられないのです。こころに触れること，出会うことによって知的な能力が達成されているのではないことを，彼らは私たちに教えてくれています（彼らの困難は，彼ら自身が感情・フィーリング・思いを収める三次元的立体容器としてのこころを生来的に保持していないゆえなのですが，ここでの主題から外れるのでこれ以上は言及しません）。

　私たちの臨床に戻ったとき，私たちの頭にあらかじめ収められている概念や思考――たとえそれらが感情・フィーリング・思いに関する概念であるとしても――を，そのクライエント/患者にあてはめる関わり方では，こころに出会うこと，こころに触れることにはならないことはおわかりだと思います。それは，見えていることや聴こえていることから何かを感知しているとしても，それは距離を置いて知的なラベルを貼る，あるいは既知の知識を当てはめるという彼/彼女の思いを囲い込む作業をしていることです。それが面接者による客観的な認知の表現型であるとしても，それはむしろ，こころに出会うことを遮ってしまいます。

そうです。知的認知が先走るところには，こころの真の理解は生じません。そこには，私たちが既得の概念をただ貼り付ける，あたかもわかった"かのような理解"が発生するだけなのです。たとえば，私たちが誰かに，「あなたはこれこれ——たとえば，自己中心，偽善的，傲慢——な人です」と，私たちがその誰かについて客観的に認知したネガティヴな性質を含んだことがらを伝えたとしましょう。

　その誰かとの私たちの関係がすでに理解が分かち合える，こころが触れ合っているものであるなら，その人は私たちの伝えることをこころで受け止めるでしょう。すなわち，その人は，私たちの伝える苦いことを悲しさや痛みを感じながらも聴き入れ，その「これこれ」をこころに置いて消化しようとするでしょう。その結果，指摘されたことが，その人の在り方に変化をもたらす可能性があります。一方，その誰かとは初対面のような，まだ情緒的なつながりが創られていない関係であるなら，私たちの伝える苦いことは，ことばとしては聴かれ知識のひとつとしては置かれても，こころには入れられません。それは，嫌悪感——つまり怒りや憎しみ——の感情に染められてその人のこころからはじき出されるか，無感情という感情の遮断状態のもとにこころへの侵入を拒絶されるに違いありません。それらの指摘内容は，「そうですね」と，概念としては認識されても，ただの新たな不快な概念として知的にこころの倉庫に押し込められ封印されるだけです。こころでは出会わないのです。その人の在り方にはまったくかかわれません。

"かのような"出会い

　日常生活では"こころに出会う"，"こころに触れる"かのような体験が少なからずあります。例として，ファストフード・ショップでハンバーガー等を買うときを思い浮かべてみるとよいでしょう。

　あなたを店員は笑顔で迎え，親しげに，かつ欲しいものが何かを丁寧に問いかけてきます——それは，あたかも温かい感情を私たちに注いでいるかのように見えます。それから私たちの注文をきちんと聴き取り，内容を確認し，笑顔とことばで理解していることを表します。しかしながら，口から表出さ

れることばはすでに準備されているそれであり，表されている笑顔の表情や温かな感情もすでに準備されているそれらです。このかかわりは，購買がおわるまで一貫しています。その結果，私たちはスムーズに，そして不快をあからさまに体験することなく目的の品を手に入れることができます。そして私たちは，この対応が社会的に大変洗練された接客手法であることを知っています。だから，その店員のこころには出会っていないことを知っています。

　知られているものに「慇懃無礼」という，人の特異な態度についての形容があります。「慇懃無礼な」人は，私たちに深い親しみの思いをもって大変丁寧に対応してくれているようでありながら，情緒的には決して触れ合わない，こころの距離の遠い対人的振る舞いを実際には達成しています。

　このどちらの例においても，パーソナルな親しみの感情はこころから切り離されていることを私たちは感じています。一方，むしろ"無愛想"と形容される態度に，こころに触れる体験が得られることがあるのも知っています。こうしたこころの複雑さは，私たちを途方に暮れさせてしまいそうです。

2．聴くことによってこころに出会うこと

私たちの感情や思いを生かす

　重要なのは，聴くこと，耳を傾けることがこころに出会うことになるには，クライエント/患者の思い，感情を私たちのこころに入れ，併せてそこに，私たち自身の感情，思いを漂わせ使用する姿勢を私たちが持つことなのです。

　"こころに出会うこと"，"こころに触れること"は，私たちの感情や思いを生かして初めてなし遂げられるものです。そうすることで，話の内容を聴き整理するという機械的な作業が，こころが交わる生きた機能的なものになります。今出会っているクライエント/患者のそれらと，私たちのそれらが出会っているとき，私たちは彼/彼女のこころに触れていると感じることができるのです。

　臨床でのこころの理解は，そこから始まります。感情を排した機械的とい

える知的な認知や理解は，この後に付与されて，その人についての私たちの理解をこころに収める手助けをするときにのみ有用なのです。

　しかしながら，難しいのは，このような感情や思いなしでの出会いがこころの触れあいにならないだけでなく，私たちの思いや感情がこころに置かれていることが，場合によっては，こころの触れあいを妨げてしまうことです。怒りや憎しみ，妬みのようなネガティヴな感情がそのままでは，相手への共感を妨げることはよく知られているところでしょう。こころの臨床家としては，こうした負の感情を含めて私たちの感情や思いを，よい意味で"飼い馴らす"ことが必要です。専門的に鍛えられたこころの臨床家として，私たちがこころに出会うための聴き方を身に着ける過程で対応すべき重要な課題です。

2つの聴き方

　こころの理解につながる専門的な聴き方は，便宜上ふたつの方法に分けられると私は考えています。

　ひとつは，能動的に聴く姿勢であり，そこからこころに触れ，理解することを私たちが試みるやり方です。心理臨床の世界で，"共感する"と表現されている心的態度に近似のものでしょう。精神医学の世界では，"ラポールを作る"と表現されるものにやや近いでしょう。「支持的心理療法」，「支持的精神療法」と呼ばれるアプローチでの耳の傾け方がここに当てはまります。

　第2の方法は，臨床場面において受け身的に聴き，感知することから発生する理解です。それは，クライエント/患者が彼/彼女のこころの世界を投影する面接場面に私たちがこころを漂わせることから始まります。これが「精神分析的リスニング」です。

　この2つの方法を，順序立てて詳しく述べていきましょう。

第Ⅰ部　支持的な聴き方
―こころに出会うための能動的な聴き方―

第3章　能動的な聴き方

1. 能動的に聴く

聴 く

すでに書きましたように、"聴く"という行為は、誰にもできる受動的なものと見られがちな行為です。実際、クライエント/患者から批判的に『聞いているだけでなく、どうしたらいいのか教えてください』とか『ただ、聞いているばっかりじゃないですか。もう話すことはありません。今度は先生から指示を出してください』と言われた経験は、こころの臨床に携わってきた人なら一度ならずあるものでしょう。これは、この発言者が聴くことを単に受動的で単純な作業であるととらえていることを伝えています。

これらの発言を受けた私たちが、「何か有用なことを言わなければいけない」、「行うべき何かを提示しなければいけない。そうじゃないと、何もしていないことと同じだ」と考えるなら、それは、私たちも聴くことを、単に受身の単純な行為であると同調していることです（実は、このように私たちが同調的に対応すること自体が、そこに投影による特異な関係性が成立し、それに引き込まれていること、すなわち「投影‐逆‐同一化」という在り方に陥っていることを伝えていますが、それについては後に述べます）。

語られていることばをただ耳に入れるだけなら、確かにそれは受動的なそれでしょう。しかしながら何かを聴き取ろうとする聴き方は、表面的には受動的に見えても、そこに聴き手の意図が確実に働いている、能動的なものなのです。私たちが何かの専門家であるとき、それはある領域で能動的な自己

を作動させています。こころの臨床家という専門職において，この能動的な自己が作動している主要な領域が，聴くこと，耳を傾けることなのです。

　すなわち，能動的な聴き方とは，私たちの専門家としての能動的な関わりでの重要な要素のひとつです。おそらく，こころの臨床においては，もっとも重要な要素でしょう。こころの臨床での大切な基本とされる「共感と受容」での，広い意味での"共感"と呼ばれているものに必要な前提が，能動的な聴き方です。

聞いているだけ

　聴き方を，それが自己修練にしろ，何らかの訓練の中においてにしろ，修練していない人は，いかなる臨床技法を実践しているとしても，こころの臨床家としては底の浅い実践に留まります。聴けない人は，経験の年月はどれほど長くても，それからの技法の習得が臨床家としての成長につながっていません。

　ある程度の期間――おそらく，5年から10年程度――臨床経験を重ねますと，特に練習や訓練をしなくともその面接者なりの聴き方が身に付きます。このところは細心に注意して聞く，ここはさらりと聞くといったように，聴き方のメリハリやバランス，話者との心的な距離を適宜移動させる技をそれとはなしに覚えてきます。それは，臨床家としての仕事に馴染んできたことのひとつの顕れです。しかし，この事態にこそ注意が必要なのです。なぜなら，多くの場合，この聴き方のバランスは，クライエント/患者の話から彼/彼女の思いに出会い理解するための手技として身に着いてきているというよりも，面接場面で面接者自身が体験してきた不安や怖れや不快の感覚（フィーリング）を中心に作られます。つまり，無意識の裡に面接者自身の不安や不快を高めないため，明確に言うなら，主に面接者が自らの不安や苦痛を巧妙に避けるための聴き方として形成されているのです。

　それは，よい意味を見出すなら，面接者が潰れず生き残るための方策とも見られます。しかし面接者が生き残ることだけでは，心理面接の目的は達成されません。その上でクライエント/患者が，真に援助されねばなりません。

しかしながら，このことに当の臨床家が無自覚な場合は，それを面接技術が上達したかのように認識してしまいます。

この結果，面接そのものは継続しますが，そこでの2人の間ではこころの出会いはいつまでも深まっていきません。面接では，両者にとってお馴染みの主題が――ときには深刻なものとして，ときにはふたりだけで取り上げられる話題として――繰り返し持ち出されます。しかし，そこから新鮮な気づきは現れてきません。それらしきものは出てきますが，単発の花火のように姿を消してしまいます。こうして面接は，平板にただ続いていきます。ですから面接者は，クライエント/患者の日常生活でのちょっとした変化を面接の成果であるかのように取り上げたりし，面接で意義あることが達成されているかのように振る舞い始めます。

これは，ひとつの共生関係の成立です。"共生"が意味するのは，その2人においてはある種の安定があるのですが，そこからの創造や進展は起こらない関係であることです。

この事態においては，たいていの場合，クライエント/患者がその行き詰っている事態に面接者が気づくようにと，ヒントを出してきます。それは，クライエント/患者によるいささか危うい行為であったり，深く理解してくれるある人物についての逸話，面接の頻度を減らしたり面接を終了する提案であったりします。クライエント/患者が持ち出すこれらの行為や発言に「何か大事なことを示そうとされているようだ」といった違和感を感知できる臨床家は，自身の聴き方や理解を振り返って，その面接に発生していそうな問題点を探索し始めます。しかしこの深まらなさをクライエント/患者のせいにしたまま，気づこうとしない，気づきたくない面接者もいるのです。こうして，聴いているようにみせて，実は聴けない，こころの臨床家としての聴き方を身に付けなかった面接者が生産されるのです。

傾聴する

能動的な聴き方を別のことばで表現するなら，積極的に耳を傾けることを意味している「傾聴」があてはまるでしょう。しかし，「傾聴」は単一でブ

ッキッシュな聴き方ではありません。聴き方には濃度や深度にあたるもの——さらりと耳に入れるから熱く聴くまで，表面をなでるように聴くから深く入り込んで聴くまで——があります。そしてそれは，不安や不快から私たち自身を守るためのものではありません。クライエント/患者の意識的無意識的なニーズを読み取り，それに触れるために合わせて調整されるべき質のものです。そのために傾聴での濃淡と浅深を段階的に身に着けるのが，私たちが専門家として訓練すべきところです。支持的な聴き方には，それとしての異なった水準と深さがあります。

2. 何かを聴き取ろうとする聴き方

こころを聴く

さて，私は能動的な聴き方とは，何かを聴き取ろうとする聴き方であると述べました。それでは，この"何か"とは何なのでしょうか。ひとつの答えは，"こころ"です。しかし，こころは直に見ることも，嗅ぐことも，触ることもできないものです。その"こころ"を聴き取れるのでしょうか。

臨床的には，それは可能であると答えることができます。実際の面接場面でクライエント/患者が，『私のこころの叫びを，先生は聴き取ってくれた』とか『誰も気がつこうとしなかった私のこころの痛みを，先生はわかってくれた』と，深い思いを込めて語ってくれるときがあります。このとき，その人のこころは，私たちによって聴き取られたのです。

しかし，その反対もしばしば起こります。『先生は，私のこころをまるでわかっていない』，『私のこころをわかろうとする気はあるんですか』と強く責められることも，一度ならず経験するところです。こころの声が聴き取られていない，こころの痛みが感じとられていないと，その誰かが私たちに訴えています。

私たちがこころの臨床家であるのなら，前者の体験，すなわちこころが聴き取られる体験を私たちはクライエント/患者にもたらすことが求められるでしょう。"こころを聴き取ることがたまたまできましたが，先のことはわ

かりません"というのでは、専門家とは言い難いことになります。

　ところで私は、聴くことの目的は、こころに出会うこと、こころに触れることであるとも述べています。そして、聴くこと、耳を傾けることがこころに出会うことになるには、クライエント/患者の思い、感情を私たちのこころに入れ、併せてそこに、私たち自身の感情、思いを漂わせ使用する姿勢を私たちが持つことなのです、と述べました。つまり、こころを聴き取るには、私たちが私たち自身のこころを使って聴くことが求められているのです。

支持的な聴き方の4つのステップ
　しかし、それは簡単にできることでもなければ、職業生活を日々営んでいれば自然に身に着くものでもまったくありません。そこには、こころの臨床家という専門職になるために修得すべきことがらと踏むべき手順があり、それらを着実に踏まえることで達成されるものです。その実体と筋道をこれから示すことになります。

　ここからは実際の支持的な聴き方とその方法の身に着け方を述べます。そこで、ここにその聴き方の4つのステップを提示してみましょう。

　　［聴き方］
　　ステップ①　語り表されることをそのままに受け取り、そのままついていく
　　ステップ②　離れて、客観的に聴く
　　ステップ③　私たち自身の体験、思いとして味わい聴く
　　ステップ④　同じ感覚(フィーリング)にあるずれを細部に感じ取る

　後に述べますように、ステップ①とステップ②の聴き方は支持的な聴き方であるとともに、あらゆる聴き方の基礎を形成する2つです。そして、ステップ③とステップ④は、こころの臨床での専門家であるために求められる聴き方です。ここにひとまずの参考として、この4つのステップを表示しておきます。

支持的な聴き方

ステップ①

語り表されることをそのままに受け取り,そのままついていく

すなわち
傾聴しつつ観察しつつ
クライエントの立場に立ち,思いに批判なく添ってみる
　　　　　「自分の足を他者の靴に入れる」
　　　　　Putting oneself into someone's shoes
批判を入れず,ひたすら耳を傾ける

ステップ②

客観的に聴く

クライエントの語ることを客観的な事実ととらえてしまわず,
「……とこの人は思っている」という客観化した視点から聴く
　　それは事実であるが,そのクライエントの主観的事実である,心的事実である

臨床家であるためには,ステップ①「批判を入れず,ひたすら耳を傾ける」とともに客観的に聴くこと

ステップ①とステップ②のほどよいバランスを育てること

ステップ③

私自身の体験,思いと重ねて味わい聴く:こころの深みを並走すること

彼/彼女のこころの痛み,苦しさを,
　自分のそれ[共通感覚]と重ねて味わい理解する

そのクライエントの主体的な感覚を体験的に知ること:真の共感

ステップ④

同じ感覚にあるずれを細部に感じ取る

彼/彼女の思いや思考の動きと私の内なる思いや思考の動きのずれから湧き上がる"問い"を吟味する
　「なぜ,この人はこう考えていく。なぜ,こうする」

既得の知識の外からのあてはめではない,こころの内側から生まれる,その人個人の在り方の理解

ステップ③と④は,両者が2本の線路が平衡に走るひとつの軌道のようで,そうではないそのずれも見えてくる

第4章　聴き方 ステップ①　基本的な聴き方
──批判を入れず，ひたすら耳を傾ける

1．私たちの足を入れてみること

　それでは，最初に身に着けることが必要な聴き方から始めましょう。支持的な聴き方の第一歩です。それはクライエント/患者が語ることにそのままついていくという聴き方です。それは共感と受容の入り口となり，クライエント/患者が面接者によって支持されていると感じることにもつながります。

ステップ①「批判を入れず，ひたすら耳を傾ける」
　傾聴し観察しつつ，ときに何かの事態を明確にする言語的介入を極めて控えめに行いながら，その語られることや語り方を含めた態度・物腰に表し出される患者／クライエントの立場と思いに，私たちが何ら抵抗することなく，そのまま添ってみることです。
　これが聴き方の第1のステップ（ステップ①）です。彼/彼女が私たちに語り表すことに，そのまま忠実についていくのです。
　日常会話においては，相手の語ることを聴きながら，それに同意して合槌（あいづち）を打つこともあれば，話の内容を明確にしようと訊き返したり問いを挿んだりするものです。また，話をさえぎって，話の内容への説明や批判や疑問を口にすることもあります。こうした二者相互のやり取りによって日常的な会話が成り立つと言えます。しかしながら，心理面接での基本は異なります。聴いている私たちの中に湧いてくる疑問や批判にとらわれず，語り表わされ

表1　聴き方 ステップ①　批判を入れず，ひたすら耳を傾ける

> クライエントが語り表すことをそのままに受け取り，そのままついていく
>
> すなわち
> 傾聴しつつ観察しつつ
> クライエントの立場に立ち，思いに批判なく添ってみる
> 　　　「自分の足を他者の靴に入れる」
> 　　　Putting oneself into someone's shoes

ることを**そのままに受け取り，ひたすら聴く**のです。すなわち，これは，私たちが聴きながら，語っている彼らの世界に我が身を置き，彼らその人自身になりきることです。傾聴しつつ観察しつつ，クライエントの立場と思いに添うのです。

他者の靴に自分の足を入れてみる

　ちなみに英語ではこの態度は，"put oneself into someone's shoes"「他者の靴に自分の足を入れてみる」と表現されます。誰かの体験感覚に私たち自身をそのままはめ込んでみることです。心理用語を使うなら，私たちの自己を意図して投影することですが，英語の表現にはその能動的な姿勢がうまく表わされています。また，具体的な身体感覚（入れたときの足の感じ）として伝わってくるものがある表現です。

ひとつの例

　ここにひとつの例を示します。抑うつと対人交流の困難さを訴える，ある若い女性の面接での発言です。彼女の語ることに，あなたはそのままついていくことができるでしょうか。

「先週末にコンサートに行って，どうしようもなく感動しました。泣きました。苦しい思いに，ほんとにぴったりきたんです。泣ける人が私はものすごく羨ましかった。どんなに泣きたいと思っても，今までは全然涙が出なくて。……泣くのって弱いことでしょう。……私は，人に弱みを見せたくないんです。死にたい，死にたいとか，つらい，つらいとまわりによく言っている友だちがいるけど，私はそんなことを言って，この人重たすぎると思われて嫌われたくない。だから，自分の部屋以外では，どんなことがあっても絶対泣かないんです。……自分が人からどう思われているのかがものすごく気になるから。ちょっとしたメールを打つのにも何度も何度も書き直すから，ものすごく時間がかかる。……苦しい自分を出したくありません。だから，この面接がなかったら，絶対家で変なことを，私，していると思う。……お金がなくなるとすごく不安になるんです。私は友だちを大事にしたいから，一緒に遊ぼうよと誘われると，それが誰だろうと，もう絶対断れない。でも，友だちと外出するとお金がかかるので，いつも内心ひやひやしている。小遣いはもらっているけど，買いたいものも何かとあるから，それだけでは足りなくて……。貯金は，もうほとんどなくなってしまった。……お母さんは，お小遣いが足りなかったらいつでも言いなさいと言ってくれるけれど，言えない。……迷惑はかけられない……」

この若い女性の靴（こころ）に私たちの足（こころ）を入れてみるなら，次のことを私たちは感知しそうです。

彼女は自分の弱さや苦しさを人には見せないで，懸命に自分内だけに押しとどめておこうとしています。その一方で，常に人にはよい自分だけしか見せることができません。それは，重すぎると人に思われる彼女は，人にとって迷惑であり，嫌われるとの強い信念からのようです。この女性の話に耳を傾けているのなら私たちは，弱さや苦しさを自分の内に押し止めようとの必死さを健気に感じるとともに，「そこまで無理しなくても，いくらか緩めていいでしょう」，「それは，迷惑じゃないと思うけど……」と言いたい気持ち

もかき立てられるでしょう。また,「弱さや苦しさを私に見せても嫌わないよ」とも言いたくなりそうです。「お母さんに少しぐらい要求してもいいんじゃないですか」と伝えようと思いそうです。

しかし,それらを私たちは口に出すことをせず,彼女の思いにそのままついていくことがここでは大切です。

たとえば,私たちが『あなたが弱さや苦しさを少々出しても,私はあなたを嫌いませんよ』と言うなら,彼女はどう受け取るでしょうか。発言するとき私たちが期待するように,『そうですか。嫌わないんですね。安心しました』と,彼女は顔を輝かして答えるでしょうか。そうかもしれません。しかし,違うかもしれません。彼女は,"この人は,私の苦しさや弱さがどんなものかほんとうにはわかっていないから,こんなことを言うんだ"と私たちの無理解を確信するかもしれません。もしくは,"そんなにたやすく嫌わないって言うのは,私のことはどうでもいいんだ。もうすでに迷惑に思っているんだ"と思うかもしれません。それとも,"私がここで精いっぱいよい人でいようとしているのをわかっていない。嫌わないとか言って,よい人じゃない私を出したら,きっと嫌になるのに"と内心怒っているのかもしれません。また「少々」と言っていることにこだわり,"「少々」なら受け止めても,たくさんは困るんだ。私はものすごく苦しいから,この人は受け止められない"と考えるかもしれないのです。

ですから,彼女に耳を傾けている中で駆り立てられた思いから私たちの中に現れてきた何かを伝えるよりも,耳を傾けながら,ここに語られているように彼女が考え振る舞わないでおれないほどに,彼女が苦しく,自分を抑え続けなければならないとの思いに私たちの足を入れ,彼女の思いにそのままついていくことが,この時点ではほんとうのサポートになるのです。

2. 沈黙を学ぶ

この最も基本的な聴き方を身に着けるために一番大切なことは何かというと,それは沈黙を学ぶことです。語っていくクライエント/患者に,できる

だけ口を挟まないで沈黙を守ることです。

　人の話に"つっこみを入れる"ことをしないのです。もちろん，聴いている私たちのこころは活動していますから，私たちの中にさまざまな感覚や思い，考えが浮かんできます。そこには，疑問や疑念，感嘆，当惑，いら立ち等から今その瞬間につっこみたくなるものが少なからずあるでしょう。それらの引っかかったところを私たちが私たちのこころの中でつっこむのは自由ですし，そうした感性そのものは大切です。それは次のステップに関係します。ただし，この段階で大事なことは，それらを口にしないことです。

　私たちは"黙って耳を傾ける"のです。合槌や頷きは挟むとしても，できる限り，ことばは挟まないのです。反応してつい言ってしまった，感情が高まってつい言ってしまった，ということを極力しないのです。

　これには最初，おのれの発言を意識的に抑制する・制御するという訓練が必要です。日常生活での一対一の会話において，何も発言しないというのは，思っている以上に難しいものです。対話の相手が私たちに意見やアドバイスを求めているとされる場では，なおさら難しく感じられます。この訓練はそれを始めたときには，聴くことよりも発言を抑えることに気を取られてしまい，聴くことがおろそかになったと感じるときがあるかもしれませんが，続けていくと，徐々に聴くことに重点が移っていくものです。

話し上手より聴き上手

　前述のように，ここに日常の会話と心理面接での交流の質の違い，心理面接の特異さがまず現れます。日常の会話では，対話者としての臨機応変さや機転の利いた積極的な発言が尊重されるでしょう。しかし，その種の器用さや流暢さは心理面接ではむしろ妨げになるのです。つまり，自分は話が得意だと思っている人ほど，沈黙の大切さをこころしなければなりません。また弁護士や経営コンサルタントのように専門家というものは弁舌さわやかだと考えるのなら，それはこころにかかわる専門家にはあてはまらないことを認識するとよいでしょう。

　理由は，心理面接はエンターテイン（楽しませる，もてなすこと）でも説

得することでもなければ，感心させることでもなく，対等な立場の交流でもないからです。私たちの場とは，クライエント/患者とされる人たちがみずからの困難を抱え援助を求めて私たちに会っているという非対称，非対等な関係であり，そこでの交流なのです。また，私たちのかかわりがこころの援助という部分を含むとしても，それはエンターテインすることではありません。もしエンターテインしてしまうなら，クライエント/患者が求めている，彼/彼女の困難さへの真摯な対応を怠り，肝心の課題から視線をそらし，快の提供でごまかしていることに過ぎません。そこには，面接者その人の抱える，自身の苦痛な感情に直面できないというパーソナルな課題（逆転移の問題）が露わになっていると考えられてしかるべきでしょう。

　私たちは，話し上手になるのではなく，聴き上手になる必要があります。そして，そのこつは沈黙を学ぶことなのです。

3. もうひとつの臨床例

　これからステップ①「批判を入れず，ひたすら耳を傾ける」の例を挙げながら，より実際の場面に添って検討してみたいと思います。

［例1］

　この例は，不安感や孤独感，繰り返す人生での失敗を訴えていた30代女性Aとの面接の一部を抜き出しています。面接者は男性です。この面接は，面接者による，クライエントの語り表わすことにそのままついていくこと，相手の思いになる聴き方が達成されている例といえるものです。

> 　Aさんはぽつぽつと話しました。「もう，とてもつらい。仕事のない日は一日寝ていたり……。でも……，以前に入院した頃ほどではないけど……しかし思い返すと，よく気づいていなかったけど，こうしたつらさは，もう中学の頃からあったように思う……以前からあって，変わっていないみたい……ただ，あまり気づいていなかっただけ……。」

面接者は彼女の靴（こころ）に面接者の足を入れてみて，Aさんは身もこころも「とてもつらい」のだな，それで「一日寝ている」のだなと思います。入院したときは最悪につらかったのだろう。それほどではないとしても，今も相当につらいのだろうと思います。そこで面接者には，仕事のない日はどんなふうに過ごしているのだろうか，食事とか日常の身の回りのことはどの程度できているのだろうか，一日寝ているAさんを家族はどう思っているだろうかとの問いが浮かびますが，それらの問いをことばにはせず，耳を傾け続けます。

　するとそれから，このつらさが中学の頃，今から20年以上も前にすでにあったとの気づきが語られます。面接者は，彼女は人生の早い時期から今日まで随分長い間「つらさ」とともに生きてきた，それは相当に重くて苦しい人生なのだと思います。こうして今気がついたとのことは，彼女をよけいにつらくしているのだろうと思います。Aさんの重い語りぶりからは，絶望が感じられます。そこから，Aさんはつらさのあまり絶望して死にたいのかもしれないと思います。面接者は，死にたい気持ちがあるのかどうかは重要なことであり，今問うてみることが必要かもしれないと考えますが，まだ面接時間は残っているので，もうしばらく彼女の話にそのままついていこうと考えます。「思い返す」と言っているように，この頃のAさんは自分を振り返ることをしているのだ，それはつらい自分を思い返すというやはり相当につらい作業なのだろう，"いろいろ思い返すより，考えを止めて，ゆっくり休めたらいいですね"とサポーティヴに示唆したくなります。面接者はそれをしようかと内心迷います。聴き続けるか，それとも支持的に示唆するか。そして迷ったときは沈黙の方を選ぼうと考え，聴き続けることにします。

　Aさんは続けます。「友達と，幼くして母親を亡くした子どものこと

を話したとき，その友達は，「そのことは可哀想だけど，しかたがない」って言ったんです。私は，この人は冷たい人だなと思った。だけど……，でも，それは確かにそうだなと思いました。よくわからないんです……」。

　面接者はＡさんが話題を変えたことに気づきます。その新たな話題はある友達の話したことに彼女が冷たいと感じたことを語っていました。面接者は，友達を冷たいとＡさんが感じたとの反応に，そうか，冷たいと感じるのだと驚きも感じますが，「しかたがない」という友人の発言が突き放したものに感じられるのは確かだ，だから冷たいのだと思います。"そうですね。「しかたがない」というのは突き放していて冷たいですね"とＡさんに伝えて，彼女の思いを分かち合うことも面接者の頭に浮かびました。ただ，この話題がどうして今出てきているのか，それがよくわからないところがあるので発言は控え，聴き続けました。

　するとその後，Ａさん自身が「しかたがない」を肯定する発言をします。面接者は，Ａさんはそうも思うんだ，と思います。そして，Ａさん自身が「よくわからない」と言います。面接者もそうだな，よくわからないと思います。そして，「よくわからない」の後がどうなるのだろうかと思い，Ａさんの発言を待ちます。

　Ａさんは語り始めます。「母を今朝，車に乗せて仕事場まで送ったら，隣り座席の母からひどい圧迫感を感じた。……どうしてなんでしょう？……彼との間ではそんなことはないのに……。彼の車は左ハンドルで，反対側に座って……。」

　面接者はＡさんがまた別の話題に移ったことを知り，それではこの話題についていこうと思います。すると，彼女は母親からの圧迫を話し，「どうしてなんでしょう？」と問いが面接者に向けられま

した。面接者はどうしてなのかを一瞬考えました。しかし，わかりません，でも，彼女は答えを求めています。その求めに応えたくもありますが，どうしてなのかはわかりません。ここでの常套的な手法として，"どうしてと思われます？"とことば返しで尋ねる発言で彼女の要望に応えようかと面接者は思いました。しかしすぐに自らを押し止めました。それは形だけでＡさんに応えることになってしまうと思ったからです。この話題は始まったばかりであり，もっと聴く必要があると思いました。

　すると，やはりＡさんから続きが出てきました。交際相手のことであり，母親とでのようなことはないと言うのです。そうなんだ，と面接者は思います。そしてＡさんは座る位置に言及します。そうか，母親は運転するＡさんの左に座るが，運転する彼も助手席に座るＡさんの左に座るという同じ位置なのだ。でも，何かが違うのだなと面接者は思います。また，面接者自身がやはりＡさんの左側に位置していることにも思い至りました。そうすると，面接している私自身は母親のようにＡさんを圧迫しているのか，それとも彼のようにＡさんの居心地は悪くないのか，どっちなのだろうと思います。そして，これはＡさんの話をもっと聴いていかないとわからない。もっと聴き続けようと思い，沈黙のまま，耳を傾けます。

　Ａさんはさらに続けました。「私が混乱したのは，彼と同じ職場をやめて，それで彼と共有するときを自分が持たなくなってしまってからのように思うんです。……男の人にはわからない女性の考えかもしれないし，それで先生に訊きたいんですけど……。彼とは私が電話を入れて，３回鳴らして，出なかったら忙しくて会えないと判断するという約束をしているのに，彼はその電話に出て，どうして会えないのかの理由をひとつひとつ説明するんです。……男の人はそうするんですか。……私には，それは自分のため，彼自身のためにしているって思えるんです。……冷たいんです，彼は……」

面接者〈今日，あなたは，ただ自分ひとりであなたのこころに抱えているつらさと，そのあなたにかかわる人の冷たさのことを私に伝えておられますね〉
Ａ「そうです。そうだと思います」

　面接者はＡさんの話の続きを聴きながら，Ａさんは彼と共有するときを失くしてしまい，ひとり，母親の圧迫にさらされる体験をして混乱したのだろうなと思いました。そして，混乱とは苦しい。ひとり母親の圧迫にさらされるというのは幼い頃から続いていて，中学の頃にはそれをどこかで強く感じていたので，それが「つらさ」として感じられていたのかもしれないと思いました。彼女の抱える「つらさ」の質にいくらか触れ始めた感じを持ちました。それは，ひとりぼっちであり，そばの母親は圧迫的で冷たいという境遇を生きていく「つらさ」のようです。
　ところが，風向きが再び変わり，「先生に訊きたいんです」と面接者に向かいました。Ａさんは大人の男性としての面接者を見て話しています。そして，彼の自己中心的な冷たさに言及します。面接者は，まさにＡさんから男性としての自分自身が「冷たい」と責められているように感じます。Ａさんの彼は弁解を付け加えています。前の話題の「可哀相だけど，しかたがない」と言った友達の話も思い浮かびました。それも，「可哀相だ」に止まらないで「しかたがない」と友達は付け加えて言っていました。面接者は，付け加えて言うことは，Ａさんにとっては自己中心的な振る舞いなのだと思います。
　この時点で面接者は，「電話に出ない」，つまり沈黙することは，「会えない」，つまり彼女をひとりに置くことと彼女が伝えているのを感じます。それは彼女をひどくつらくします。そこでここで面接者は口を挟み，理解できてきた彼女の「つらさ」の質についての理解を伝えてよいように思いました。けれども同時に，それは説明や

感想を付け加えないほうがよさそうだと思います。

そこで面接者は初めて口を挟みました。その内容は，ひとりという彼女の心的境遇であり，その彼女が他者の冷たさにさらされているという彼女のこころの世界の描写です。

レトロスペクト

一連の流れ全体を，もう一度見てみましょう。

この面接では，女性Ａは「つらい」という思いを語ることから始めます。そしてそれが，遅くとも中学時代から抱え続けている感情であることを語ります。面接者は彼女の語りに相槌を打ちつつ，その場面と思いを想像しながらも，ことばは挟まず，ただ傾聴していきます。

Ａは話を変え，友人との間での，母親を亡くした子どもの話題を語り，友人についての感想として「冷たい」人と描写します。この話についても面接者は，傾聴しつつ，彼女の語る内容に思いを馳せつつ，相槌は打ちながらも，ことばは挟みません。

続いて母親のこと，そこから交際相手のことへと話題は移っていきます。そして，Ａの「つらさ」の起因とされそうな話題に進みました。そこで「先生に訊きたいんですけど」と標的を面接者に定めて，Ａの交際相手の自己中心的な態度，冷たさを非難します。この間も，面接者は聴き続けるのみです。そして，ここまで聴いたところで，語られていることの文脈（コンテクスト）からの理解も踏まえて，ようやく初めて口を挟みました。

これは，クライエントによって語り表されることにそのままついていくことの一つの形です。

Ａの移りゆく話題を聴いているとき，彼女の靴（こころ）に私たちの足を入れているのなら，面接者がもっと知りたくなる発言内容は少なくありません。たとえば，中学頃からのつらさとはどんなものだったのだろう。それは，幼くして母親を亡くした子どものような思いだったのだろうか。母親からの圧迫感とは何なのか。彼女が語ってきたことに関連するのか。母親と彼をなぜ比較するのか等，あなたが面接をしているのなら，次々に脳裏に浮かぶで

しょうし，その多くは，きちんと耳を傾けているなら当然浮かぶであろう問いでもあります。

だから，面接者は適宜この問いを発してもよかったかもしれません。しかしながら，これらの疑問に関する問いかけは，彼女の一見脈絡なく移り変わる話題とそこにある思いのわからなさにそのままついていくことに私たちが窮屈さを感じていることからの抵抗かもしれません。私たちが問いを発することで彼女の思いの流れを遮り，窮屈さから解放されようとするだけでなく，私たちの思う筋道に彼女を引き込みたくなっているのかもしれません。この女性の思いにそのままついていくのであれば，つまりＡの靴に面接者の足を入れてその具合を感じるのであれば，相槌を打ちながらもことばは挟まないことが，選択されてよい方法です。

この間，4つの話題が語られました。そして面接者は，そこまでの話題に通底していたと思われるＡの思いを初めてことばにします。それへのＡの反応は，理解されているということを表す表現でした。面接者のことばは，Ａのこころに触れるものであったようです。

ここで忘れてはならない大切なことは，面接者がきちんと耳を傾け，相槌を打つという姿勢が，ことばを挟まない間に保たれていることです。聴きながら面接者はさまざまな問いや思いを内側に浮かばせています。しかしながらそれらをこころに留め置き，クライエントの思いにそのままついていくことを優先しているのです。それは，クライエントのこころにより的確に出会うためです。こころのより重要な思いに出会うため，触れるためといってもよいでしょう。

[例2]

続いて提示するのは，不登校で引きこもり状態にある女子高校生Ｂとの，男性面接者による面接のごく一部です。両親は離婚し，彼女は母親と暮らしています。

こうした高校生の話は，この年齢の若い人に特有の曖昧さや断片的な語り口のために，その内容がとらえ難いことが少なくないものです。ここに提示

している素材もご多分に漏れません。それはそうなのですが，面接者は傾聴し彼女の思いについていくより，とらえ難い内容を明確にしようと口を挟みました。それは，Ｂのこころを理解するという作業においては，成功した試みとは言えないものです。

　　Ｂ「東京で，女の子がお父さんを斧で殺した事件がありましたよね。お母さんはその子はおかしいというけど，私にはその子の気持ちがとてもよくわかる。そのお父さんも殺されて当然だろうって感じ。そのお父さん，女性関係があった，とか。自分がもしお父さんを斧で殺したとき，自分が思っていることだな」
　面接者〈じゃあ，そうした事件があって，それがもし自分だったら，あなたがお父さんに思っていること？〉

　　　ここでは，女子高校生Ｂさんは話題として同年代の女性の父親殺しを持ち出し，殺人を犯したその若い女性の気持ちへの共感を語り始めています。そこで彼女は「私はその子の気持ちがとてもよくわかる」と言います。しかしながら面接者には，それはもうひとつ，よくわからないものでした。実際，Ｂさんはわかると言いますが，Ｂさんが同じと思うその子の気持ちそのものは語られていません。ただ，その後のＢさんが語る内容には，殺された父親には女性関係があったことが語られています。そして，Ｂさんは「自分が思っていることだな」と言います。
　　「その子の気持ちがわかる」，「自分が思っていること」のどちらもが伝えていることは，父親を殺した若い女性の気持ちがＢさんによくわかるとＢさんが感じていることです。ですから，ここでＢさんの思いにそのままついていくなら，まず，父親を殺した女子高校生の気持ちがよくわかるということ，そしておそらくそれは，殺してしまうほどに憎らしいというのがＢさんの気持ちなのだろうと感じておくことでしょう。その憎しみの背景には，父親の女性関係，つまり父親殺しの女子高校生やＢさんではなく，別の女性に父親が

愛情を向けていることがありそうですが，それはまだ脇に置いておいてよさそうです。

　ところで面接者は，ここでBさんの発言をほぼそのままなぞる形での問いを発しました。テキストブック的には肯定される問いかけです。これはおそらく，彼女が自らを殺人女性と同じように思っているとのことを直接に聴いて確かめたくなったのでしょう。もちろん面接者は，彼女の思いを聴くことで，彼女をもっと理解しようと思って尋ねたに違いありません。しかしながら，ここで面接者は発言することによって，彼女の靴（こころ）に入れていた自分の足を抜き外し，自分の関心事の解明，彼女の気持ちの客観的な同定のための確認に軸足をずらし，彼女の思いにそのままついていくことをやめました。面接者自身の願望に従ったのです。おそらくそれに彼は気づかず，問いを発しているのでしょう。しかしここでは，面接者は口を挟まず，そのまま聴き続けるべきでした。

ここで面接の続きに戻ります。Bさんは答えています。
　B「うーん。ちょっと違う。殺されて，せいせいしたぜ。しかも，わかってきたことが，美沙子がシドニーに行くの。自分の中では，そうしたことをちゃんと私に言ってほしいな……ってこと。ちゃんと言ってほしくて。お父さんを殺した子も，私を大切にしてよっていう思いの裏返しというか」
　面接者〈やっぱり大切にしてほしいと思うの？〉
　B「学校に行かなくなった頃も，今も，どうでもよくない問題をどうでもいいと思ってきたから，何とかしたいな，と」

　　Bさんの返事の「ちょっと違う」とは意味深い答えです。そして，それが今の彼女の感覚(フィーリング)なのだと尊重されねばなりません。面接者は，"そうなのか，ちょっと違うのだ" とそのまま受け取りついていくのです。何がちょっと違うのかはわかりませんが，ここでそれが問

われる必要はありません。

　続けて彼女は「殺されて，せいせいしたぜ」と言います。「殺されて」と言っていても，"殺して" とはBは言っていません。また，"憎い" というよりも「せいせいした」というのが，彼女の思いのようです。こうしてみると，彼女は父親殺しの高校生の気持ちがよくわかるとは言いながらも，実のところ，気持ちがまったく同じではないようです。それが「ちょっと違う」という発言だったようですが，Bのせいせいしたという思いをここでは尊重することです。

　それから唐突に友人美沙子のことが語られました。面接者は，"あれ，話題が変わった" と戸惑いましょうが，この新たな話題にそのままついていくことです。そこでは美沙子のことに言及されて出てきた，大事にしてほしいという思いが彼女自身の思いとして表されました。どうやら，彼女の思いは，"私を大事にしない重要な他者が殺されたとしても，私はせいせいする" ということのようです。

　こうして明らかになるのは，面接者は口を挟むより，具合のわからない靴の中に足を入れたままでいるほうがよかったということです。理解できないことに持ちこたえられず，傾聴を手放し問いを発したことで，かえって事態を理解しにくくしてしまいました。

　ところで，Bは父親を殺した女子高校生が「よくわかる」の内容，「私を大切にしてよ」という思いを後にはそのままことばに表しました。それに対して面接者は，「やっぱり」ということばを付加して彼女の思いのことばをそのまま繰り返しています。それへのBの答えは，「大切にしてよ」はどうでもよい問題ではない，不登校の頃から抱えている大きなテーマであることを伝えています。しかしながら，彼女のこの思いは面接者があらためて問わなくてもすでに伝えられていると私は思います。ですから，面接者が繰り返して発言する必要はありません。ここにも，クライエントの話にそのままついていくことの難しさが現れています。

4. 聴き方を身に着ける方法

　クライエント/患者の語り表すことにそのままついていくためには，私たちは，彼/彼女の話に刺激されて浮かんでくる私たち自身の思考や感情の流れをひとまず横に置かなければなりません。そうして，ただ彼/彼女の思いにそのままついていくのです。

　これには訓練が必要です。とりわけ，初心の面接者には求められます。第一の要件として，傾聴するというこの基本姿勢を初心の頃にしっかりと身につけていないと，その後の面接者としての成長は著しく妨げられます。繰り返し述べていますように，なぜならこの聴き方は，聴き方の基本形だからです。スポーツや芸事を例に挙げると，それらには必ず基本の型があり，それを初心のときに十分にマスターしておく必要があります。野球やテニスでの基本フォーム，書道での筆の握り方や姿勢，基本線の書き方，絵画でのデッサンといったものです。この聴き方がそれにあたります。重要さがおわかりかと思います。

　述べるまでもなく，これは聴くという実際の作業なので，わかっていると頭で思っているだけでは，また念仏を唱えるように「傾聴」や「共感と受容」と繰り返し口にしているだけでは身に着きません。実際の面接場面で，意識してこの基本形をマスターしようと繰り返し励まねばなりません。

没　入

　この聴き方を達成するには，初心の頃はクライエントの話に没入する聴き方を心掛け，試みることが必要です。そこで話されているクライエントの経験や在り方に，我を忘れて没入するのです。この「没入」ということばが伝えるのは，それは逸れ易く，練習する必要があるということです。つまり，没入しているはずなのに，いつのまにか他の考えや思いに気持ちを向けている自分に気がつくという事態が生じています。それに気がついて，没入に戻

らねばなりません。逸(そ)れては，繰り返し繰り返し没入に戻ります。それが，ある意味，単調な作業だからこそ，根気強く続けることが重要であり，それこそが成果につながるのです。

　これは，ひとりでもできる修練です。といいますか，ひとりで達成する必要があることです。そして，私たちの世界ではスーパーバイザーがそれにあたりますが，よき指導者を得ているなら，より確実にかつ効率よく身に着けられることも理解されると思います。

　同じことではありますが，別の表現を使うなら，無心に聴くように心掛けて試みることです。つまり，こころを空白にして，耳から入ってくることばだけを入れ，その人の思いになるということです。この無心も実際には，さまざまな私たち自身の思考や感情がこころに湧き上がってきて貫徹できません。言わば，無心から邪念が湧いた事態に陥り，それに気づいて，邪念を払いのけて無心に戻る。この繰り返しが必要です（拡散 ⇄ 統一）。

　それまでの人生において集中力をすでに培っていた人は，その集中力を聴くという形態に活用することで，批判なく無心に聴くことに到達しやすいかもしれません。しかしそうでない人はこの機会に練習を重ねなければならないでしょう。無心が形を成すようにするための練習，修練が必要です。

この聴き方が通用しないケース

　実際の臨床場面では，私たちは多様な病理水準の人たちに出会います。重い病理の人たち，あるいはすでにさまざまな医療や相談の機関にかかってきたという人たちには，この聴き方だけでは通用しません。ややもすると彼/彼女は，私たちの没入する一途な姿勢を脅かしてくるものに感じ，不安に揺さぶられたり，侵入される不安を高め迫害的にとらえたりして面接場面に情緒が著しく溢れ出し，こころの混乱が短い時間の内に広がり，面接を中断せざるを得なくなることがあります。あるいは，真の葛藤やこころの痛みに近づくことの怖れから私たちを揶揄したり軽蔑する態度を持ち込み，面接は早々に中断に至ることもあります。

　このような混乱や中断に至ることは，面接者として残念ではありますが，

それは聴く姿勢が間違っていたということではありません。初心者の聴く姿勢はこれでよいのです。学ぶべきは，これらの事態が，これからもっと訓練と技術を身に着ける必要があることを示しているとのことを認識することです。ここで，面接者自身が中断や混乱を怖れるあまりに，安易にクライエント/患者と一定距離を置いた聴き方を選び取ってしまうことの方が不幸な選択なのです。一見するとスマートな面接をおこなっているようですが，それはクライエント/患者にも面接者にも不毛なものなのです。

　ときとして，出会ったクライエント/患者が重い病理は抱えながらも健康なこころの機能もかなり保持できている人であるときには，私たちの批判を挟まないひたすらに聴く姿勢から，彼ら自身が自らの発言により真剣に耳を傾けるようになることで，これまで避けていた部分に目を向け続けて洞察を得たり，私たちから真摯にかかわられていることを感知することでその支えのもとに悪循環的こだわりから抜け出ることは少なくありません。この聴き方のみでも達成できることは少なくないのです。まさに支持的な面接が成しとげる成果です。

　とりわけ初心の頃，私たちは面接の中断を大変怖れるものです。中断，イコール失敗と受け取るゆえですが，その怖れは初心者として自然な感情です。誰もがうまくやり遂げたいですし，失敗したくありません。しかし初心の頃からすべてがうまくいくはずがありません。もしうまくいくとするなら，それはなんと安易なものでしょう。そんな安易な世界の住人にあなたはなりたいのでしょうか。初心の頃に大切なことは，うまくいくことよりも基本を身に着けることです。そして，その痛い失敗から学べることです。

　この没入して聴く，あるいはクライエント/患者の思いをそのままに受け止め，そのままついていくという姿勢に一旦到達できるか，それをある程度の時間維持できるようになるか，それができないままかで，面接者としての基本技能の水準に決定的に大きな差が生じます。同じく「支持的な面接」と呼ばれるものを実践していても，そこに質の違いが生じています。

　こうした聴くことの力量の深浅は，臨床セミナーや事例検討会での提示者やコメンターの発言を聴いていると明瞭にわかります。往々にして，わかっ

ていないのは当人だけという，"裸の王様"状態が生じるときです。

　この聴き方が身に着いているかどうかが，その人が真に聴くという道に入れるか入れないかの最初の分かれ目です。できないままの人は，その先にどのような手技，技法を習おうとその手技，技法をほんとうに生かすことはできません。表面的なその手技，技法の使い手のままで終わります。デッサンの力を付けていない人が写実，抽象等どの方向に進もうと，その絵画には足らないものが認められるでしょう。ピカソはデッサンの力が卓越した画家でした。この聴き方を身に着けないままの人が，その後何らかのより専門的な心理療法／精神療法の訓練を遂行したとしても，それが限界のあるものに留まることは当然の成り行きです。

　宮大工の修行は刃砥ぎを毎日何時間もすることを長く続けることが基本であると，宮大工の棟梁小川三夫は言います。明日の仕事に使う道具の刃が研ぎ澄まされて仕事が思う形で成就することを目指して，一心に刃を砥ぎ続けるのです。この一心が無心をもたらします。この人は今こう考えこう思っているんだと一心に聴くことが無心をもたらすのです。ある意味，馬鹿にならねばなりません。ここで馬鹿になれない人は賢くもなれません。ただ，小賢しい人にはなるかもしれません。小賢しい人になったときの不幸は，その本人が一番知るところです。道はひとつです。

第5章　聴き方 ステップ②　離れて聴く
——客観的な聴き方の併用

1. 客観的に聴く

　ステップ①「批判を入れず，ひたすら耳を傾ける」を身に着けた上で，私たちがこころしなければならないことがあります。それが次のステップ，すなわちステップ②です。第2のステップは，クライエント/患者の話に客観的に耳を傾けることです。

　ステップ②——「ステップ①」とともに，離れて，客観的に聴く
　クライエント/患者の語っていることは，そのクライエント/患者にとってはまがいなき事実なのです。このことは何より尊重されねばなりません。それが，私たちがそのクライエントをサポートすることの根本に置かれるものです。この尊重に基づいた方法が，ステップ①の聴き方「批判を入れず，ひたすら耳を傾ける」でした。
　しかしながら，クライエント/患者が語るこの事実は，客観的事実として位置づけるのではなく，その人自身にとっての事実，すなわち心的事実，主観的事実として位置づけられる必要があることは認識しておかねばなりません。芥川龍之介は小説『藪の中』で，ある出来事を一緒に体験した三者によるその事実の描写が，それぞれの立場で明らかに異なっているその有様を描きました。まさにそれらが三者それぞれにとっての主観的な事実であり，客観的な事実は藪の中，すなわち誰にも認知できないままであることを伝えて

います。それでも、もし私たちがこの3人の内のひとりと面接をしているのなら、私たちのクライエント/患者となっているそのひとりの語ることを、その彼/彼女にとっての事実として、そのままついていくことになります。

ですから、その上で私たちに次のステップとして求められることは、私たちがクライエント/患者の話に耳を傾けながらも、「それは、その人にとっての心的事実である」という視点が確保されることです。

「……と、この人は思っている」

それは実際の聴き方としては、その彼/彼女の立場と思いになったところで、「……と、この人は思っている」、「と、この人は体験しているのだ」というクライエントの語ったことばを括弧に収め、「」の分だけ離れたところからその人を見る視点を併せて持つことです。ひとつの表現を使うなら、クライエントの話に真摯に耳を傾けながら、私たちの頭の中でその発言に、「と、彼/彼女は思っているのだな」、「と、彼/彼女は体験しているのだな」と付け加えるのです。それによって、心持ち離れたところに私たちは置かれます。

すでにおわかりかと思いますが、このステップでの重要なポイントは、彼/彼女の語っているところを主観的な事実と認識する視点も保持するところに留まることであって、そこに私たちの常識や知識を持ち込んで比較対照することではありません。比較対照する頭の働き方は、客観的に聴くことにバイアスがかかっています。聴いているときに、私たちの常識や知識が浮かぶとしても、批判的に対比することにはせず、参照にとどめるのです。

ひとつの例

ある女子大学生が泣きそうな苦痛に歪んだ顔で『授業に出ると、必ず後ろに座っている人たちが「何か、くさいよな」とか「汚くて臭っていて、いやになるね、まったく」とか「あの人だよ、あの人」とか言い始めるんです』と訴えました。『どの授業でもそうだから、授業に出られません。いたたまれないです。私から臭いが漏れているんです』、『もう、

消えてしまいたい』と身体を震わせながら嗚咽しました。

聴き方 ステップ①で聴く

私たちはまず，彼女の語るところをそのままに受け取り，ついていきます。彼女の靴（こころ）に，私たちの足を入れてみるなら，

> 大学の授業に出ていると，「くさい」，「汚い」，それは「あの人，あの人」と自分のことを言われる……これは，ものすごい圧迫感のある苦痛が感じられる……，不安のあまり授業を聞くどころではない……授業に出たくない……それどころか，いたたまれなくて身が縮む，悲しい，怖い，恥ずかしい……不特定多数の人が言うのだから，自分からくさい臭いが漏れているのだ……どうしたらいいんだ，あまりにつらすぎる，早く姿を消してしまいたい

と，強い苦悶，言いようのない苦しみが私たちに実感されそうです。

聴き方 ステップ②で聴く

そしてその上で，彼女の語っているところに「と，彼女は体験しているのだな」と付け加えてみます。

その距離で聴くと，知らない人たちの中にひとり孤独にいる彼女の姿が浮かび上がるようです。強い緊張感を漂わせながら，誰にも近づけず，親しくなれない，それのみならずおどおどと，常にひどく人に怯えている彼女です。くさい臭いの苦しみや恥かしさもさることながら，孤独や怯えが彼女を圧倒している様子が浮上してきました。

知識・常識から聴く

次に，私たちの常識や知識で比較対照するとどうなるでしょうか。

> 何らかの臭いが自分に付いているときには，くさいと言われることもあるかもしれない。そうはいっても，どの授業に出てもくさいと言われ

ることがあるのだろうかな。生活の中で，ホームレスを除けばそんなくさい人にはあったことがないし，大学や職場でそんな経験は今までない。目の前の彼女は，不潔を感じさせる身繕いではまったくない。後ろからくさいとか言う話し声が聞こえることはあるだろうけれど，それは彼女とは関係のないその人たちだけの話であるのかもしれないな……それに，大学生ほどになると社会儀礼を学んでいるから，くさい匂いを放つ人がいても，直に「くさい」と言ったりはしないように思う。……こうしてみると，彼女は自意識過剰に自分のことに結びつけているようだし，自分から臭いが漏れているというのも，過剰な自意識に思える。これは彼女の妄想的な考えであるのかもしれない

と，考えていくかもしれません。ここで彼女の語る体験を，私たちの持つ社会的な常識や知識を参照に置いて検討しています。この参照から得られた結論は，彼女の苦悩の実態を客観的にとらえようとする視点からは妥当なものと言えるかもしれません。この面接がアセスメント/診断のための面接であるのなら，この視点こそが重要で不可欠です。しかしながら，ここでの客観性には注意すべきところがあります。

　それは，判断のものさしが私たちの知識・常識であるところです。そのものさしの歪みは考慮されてはいません。つまり私たちが知識・常識としているものには私たちの主観が紛れ込んでいることは否定できません。このことは，たとえば，原発事故での放射能汚染の恐怖についての社会的知識・常識の危うさを思い起こせば理解しやすいでしょう。

　ここで知っておく必要があることは，この視点を持ち込むことは，彼女の思いから私たちが隔たってしまうということです。私たちが彼女を批判し裁断する人にはなっても，彼女の主観的な苦悩に触れる，理解することにはならないのです。それでは，本来求められているこころを理解する作業から遠ざかるだけです。

表2　聴き方 ステップ②　客観的に聴く

> クライエントの語ることを客観的な事実ととらえてしまわず，
> 「……と，この人は思っている」という客観化した視点から聴く
>
> 　それは事実であるが，そのクライエントの主観的事実である，心的事実である
>
> 臨床家であるためには，ステップ①「批判を入れず，ひたすら耳を傾ける」とともに客観的に聴くこと

知識・常識に頼ることの陥穽

　もうひとつ述べておきたいのは，この視点に留まる方が私たちのこころは楽であるということです。

　個々人に経験的に知られているところだと思いますが，客観的視点のために"冷静"であることは，私たちのこころの負担感を相当に軽くします。それは，客観性を保持するために，自らの内に湧くさまざまな感情は隔離しておくことでなされます。一方，他者の苦悩や不安の感情に触れることでは，私たちのこころにも同様の痛みが呼び覚まされ，その程度こそ違え，感知されます。つまり私たちのこころは揺さぶられます。それは私たちのこころが感情の作業をすることであり，その負担をこころが抱えることです。それを専門的な技術としてあえて行うのが，こころの臨床家です。しかし，客観的視点だけに留まるままなら，こころの負担感を感じることなく，評価者としての優越を感じるだけですんでしまいます。それはその当人のこころの健康には好ましいことかもしれません。けれどもそれは，こころの臨床家の姿勢ではないのです。

2. 経験の少ない頃

　いまだ臨床経験の少ない頃に経験しやすいのは，クライエント/患者の話に熱心に耳を傾け，クライエントに同一化しているあまり，彼/彼女の口から語られる人物，たとえば両親や兄弟，上司等について，彼らの主観的印象に合わせた極端なとらえ方が発生することです。

　たとえば私たちは，彼/彼女が『鬼のような父親だ』とか『氷より冷たい母親だ』といくつかのエピソードを交えて憎しみを込めて語った親イメージを，同じように強い怒りや憎しみの感情を伴って私たち自身のこころに抱くようになったりします。というのは，クライエントがさまざまな出来事を語る中で繰り返しそのように描写し，怒りの感情を表わしながら，そう語っているからです。それらを，私たちはそのままに受け取り聴いていくのですから，彼/彼女と同じイメージ，同じ思いを持つのです。

　ところが，その後何かの機会に両親に実際に会ってみると，実に気が弱そうでそのクライエント/患者をこころから心配している両親の姿を目の当たりにすることになったりします。私たちは，私たちがクライエントの話から築き上げてきた両親像と，実際に目の当たりに見る両親の姿の落差の激しさに，自分自身，"これは一体どういうことなんだ"とまったく驚いてしまいます。

　振り返ってみますと，この事態はそれだけ私たちがクライエントその人に同一化し，彼/彼女が語るときの思いに入り込んでいたこと，つまりクライエントとすっかり一体化していたことを表しています。すでに述べたように，初心者の通る過程として，この同一化，一体化自体は悪いことではまったくありません。むしろ，この過程を通らない／通れない人には明らかに臨床家として問題があります。しかしながら，ずっとそのままでは困ることも明らかです。彼/彼女の語りに「……と，この人は思っている」という距離を置いたところからの視点が保持されて，そのクライエント/患者の感情的な思いという主観的体験と，外からの見え方を通したその人の客観的な姿の双方に触れられるのです。

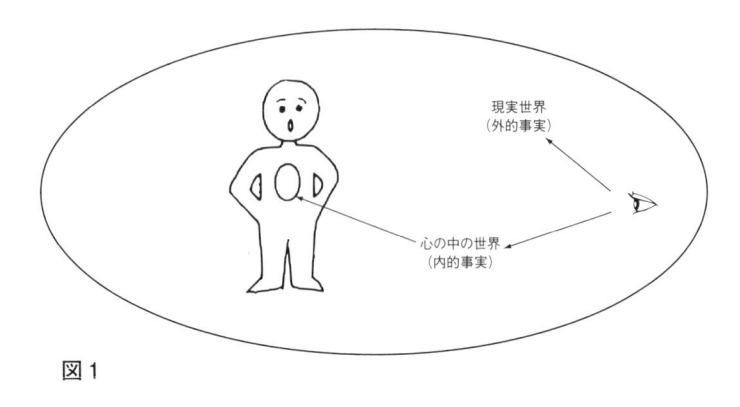

図1 （現実世界（外的事実）／心の中の世界（内的事実））

3. 自己のスプリット

ふたつの視座からの双眼視

　重要なのは，クライエント/患者に同一化し，彼らの主観に重ねられた視点と，客観的にとらえる視点という2つの視点を併せ持って，その人を双眼視することです。この双眼視を為すためには，私たちは私たち自身の視座をスプリットさせて，2つに分け置いていなければなりません。自己の健康な分裂を，私たちの中に作るのです。そしてその両方から見聞きするのです。この形の自己の二分化は，専門家として私たちが達成すべきことのひとつであると私は考えます。

最初は難しいが，難しくなくなる

　これは訓練で達成できるものです。車の運転操作を習い始めるなら，私たちは手足，目や耳を別々に働かせることを求められます。手にはハンドル，足にはアクセルやブレーキ，クラッチ等のペダルを踏むという操作を，目や耳では周囲の観察をと，それぞれ別個に働かせることに最初は強く戸惑いますし，やり始めのうちはたびたび混乱します。練習の途中で，自分には車の運転はできないのではないかと悲観的になったりします。ゆえに初めは頭で意識的に考えながらひとつひとつ分けて働かしますが，繰り返すうちに慣れ

てきて，意識せずともそれぞれを個別に働かせられるようになります。そしてもっと慣れてくると，車の運転席に座ると，感覚器官も四肢もそれぞれおのずと自動的に車を動かす態勢に入っています。

　また私たちにも知られていることとして，さまざまなベテラン職人たち——たとえば，料理人や大工，機械工，漁師——は，別種の会話を交わしながら，仕事の手は休めず並行して続けています。それと同じことです。必要なのは，丹念な練習です。

4．ほどよいバランスを育てる

　その人の思いそのものに添って入り込む，その人の主観をそのまま体験するためのクライエントの内側に置かれた視点と，客観的な認知のための離れた視点という2つの視点から見るという双眼視を示しましたが，そこにおいては両視点のほどよいバランスが重要です。

ふたつの視点のほどよいバランスを作る

　この両者のほどよいバランスの確立にも修練が必要です。最初からバランスよく双眼視できているという人はいません。そもそも誰しもがどちらかに偏りがちであるため，自分のくせを知って偏ったバランスを是正していかねばなりません。

　後者［離れた視点からの客観的な認知］だけであるなら，私たちは理解者ではなく，批評家・評論家になります。一方，前者［立場と思いになる］だけでは，クライエントと一体化した，一人の精神病にもう一人がすっかり感化されてしまうので二人組精神病 folie à deux ならぬ，ふたり組神経症・ふたり組パラノイアもどきになり，外界からどんどん遊離してしまいましょう。そこまで極端ではないにしても，程度の差こそあれ，私たちもどちらか寄りなのです。

　一般に自然科学，すなわち医学や理学・工学等の教育や訓練を受けた人たちは，この離れてみる視点が得意です。また文系の人でも，いわゆる一流進

学高・一流大学に学んだ人たちもこの視点が得意な人が多いようです。効率よく知識を多く蓄え整理しておくことを必要な達成課題として学んできたのでそうなりやすいのです。

　他にもこの傾向を持つに至る背景はあります。他者と感情的に融合することを意識的に無意識的に怖れている人は，その他者に呑み込まれる怖れや支配される怖れ，侵入される怖れなどのために，──面接の中ではクライエント／患者の病的な状態に取り込まれる怖れ等があるのでしょうが──距離を置いて離れ見る視点を基地にしやすいものです。ですから，この傾向の人たちは，むしろクライエント／患者と一体化したふたり神経症・ふたりパラノイアもどきの体験をしてみることに大きな意義があります。その経験がどんなものかを身を以て知ることが重要ですし，人によっては，その経験が事前に思い描いていたものほど恐ろしいことではないことを学ぶでしょう。それを体験できないなら，クライエント／患者の思いは実感できないまま臨床を続けてしまうという，どちらにとっても不幸な事態が発生します。そもそもここで述べている課題に気がつかない，というさらに大きな不幸もあります。

保護室での私の経験

　私自身，もともとの性格や医学の教育・訓練を受けてきたこともあり，この離れ見る視点に馴染んでいました。それが是正される機会を得たのは，まず働き始めた九州大学心療内科で当時の教授がカンファレンスでたびたび「患者の話を黙って傾聴しなさい」と言われていたことがあります。私はまったく初心だったので，そうするものだと傾聴に熱心に取り組みました。前述しましたように，重篤な心気症の女性の抗議を2時間近く聴くはめになりましたが，ひたすら傾聴しました。共感的に傾聴することがなんと大変な作業であるかを，身をもって体験しました。一方，てんかんを持つ若い男性との面接で偏ったものに思える彼の見解を十分に傾聴せず，彼の語ることに含まれる矛盾を指摘していきました。その指摘は客観的には正しかったのかもしれませんが，後で考えると明らかに批判的な響きを含んでいました。ゆえ

に彼は怒り出し，最後は私に殴りかからんばかりになったのでした。傾聴の意義を改めて認識したときでした。

　次に働いた福岡大学精神科病棟は開放病棟であり，看護師は女性のみであったため，興奮し落ち着かない患者は主治医や若い病棟医が四六時中直にかかわって対応するしかありませんでした。つまり一日ずっと病棟にとどまり，入院患者の日常に密着していないと騒々しさや危険な行動，乱暴な行為，離院は防げないのです。こうして否応なしに狭い病棟や病室で患者と生活を共にすることになりました。当時の同僚には，そうした極めて距離が近い密接な接触の状況で，患者に殴られたり遂には不登院になったりする精神科医も出ました。

　それは病棟に備わっている3つの保護室も同様でした。保護室に入っている患者がドアを強く叩いたり大声を上げると開放病棟中に響くので，私たちが保護室の中に入って相手をして鎮静するしかありませんでした。つまりそれは保護室が保護室として機能しない事態だったということですが，現実にできる対処としては，そうした患者に直に関わって鎮めるしかありません。

　今でも覚えていますが，ある若い男性患者が急性精神病状態で放歌や放尿，大声での奇声，不穏な多動にあり，保護室に入っていました。私も保護室に入って一緒に過ごして対応していましたが，興奮し動き回る患者の相手を鎮静のために続けていながら私もくたびれて眠くてしかたがなくなりました。しかし寝てしまうなら，落ち着いていない患者が騒ぐのは見えています。鎮静効果をもつ薬物が投与されているので，彼は眠そうにもしていますがうろうろして落ち着きません。そこで私は考えました。そうだ。手をつないでどちらも寝ることにしよう，と。そうしていれば，彼が起き上がって私から離れるときにうまく気づけます。まず，ちょうど巡回してきた女性看護師に保護室の鍵を外から掛けてもらいました。そうすると，私もですが，彼は外に出られません。それから私は，彼にここでしばらく一緒に寝ようと提案し，板の間に薄い敷きぶとんが一枚敷いてあるだけでしたが，そこに手をつなぎ大の字に寝ることにしました。そうすると初めは彼は何度か起き上がりましたが，私が『寝ておこうよ』と声掛けすると，彼は横たわってくれまし

た。そうこうしている内に，いつとなく彼も私もうとうとし始めました。しばらくそうして寝ていると，清掃の年配女性職員がやってきて，ふたりが手をつないで寝ている有様を見つけて，『ありゃ，一体どうしたんですか』と声を上げました。私は『いや，なに，一緒に寝ているんです』と答えました。女性職員は『ああ，そうですか』と言いつつ，静かに掃除を終えて別室へ移動していきました。後に聴いた話ですが，保護室で患者と仲間のように寝ていることに感動されていたらしいのです。なに，そうするしか打つ手がなかっただけの話だったのですが。

　こうした臨床現場でのやむにやまれぬ働き方が，私の理解の仕方の質を患者と一体になる方向へと導いたのです。また，当時から受け始めた精神分析的心理療法のスーパービジョンの影響も大きいものがありました。その訓練によって，患者／クライエントの主観的な在り方を理解するための聴き方を学んでいったのです。

成長できる若手臨床家と訓練

　私の観察から述べるなら，臨床を始めて最初から 3 年の間にクライエント/患者に情緒的に振り回されることが全くない人は，まずもってこころの臨床家として伸びません。この人はクライエント/患者との離れた距離を能動的にも受動的にも縮められないので，クライエント/患者との情緒の触れ合いが体験できません。ゆえにクライエント/患者の思いが実感できないままなのです。それでは，こころの理解を深める新たなステップに踏み入ることができないのです。

　普通の人がほどほどの善意を持ってかかわるなら，それが能動的であってもいささか受動的であっても，そのどこかで一度はクライエント/患者に巻き込まれてごたごたした事態が生じるものです。つまりクライエント/患者と心的距離が取れなくなり，情緒的に絡めとられる，難しい，もしくは苦しい関係に陥ってしまいます。これは，クライエント/患者が私たちに無意識に向けている過度な理想像が現実の私たちによっては充足されないことの欲求不満からくるクライエント/患者のさまざまな情緒的な反応が向けられる

ことによって発生しますが，必要なのは，それに付き合うことなのです。
　この経験は臨床家として大変貴重なもので，ひとの本性に触れることでもあり，善意だけでは理解やかかわりがクライエント/患者にとって実りあるものになるとは限らないことを知る機会でもあります。近づいた関係を作りながらも，ほどよい距離——両者が味わい考える空間のある距離——を持つ必要性を学ぶ機会です。臨床家になることとは，こうしたまずかった経験から何かを学ぶことです。
　そのためには，身近にこれらの経験からの学びを照射してくれる先輩や指導者が身近にいることは大変有益です。もちろん，スーパービジョンや個人分析の有用性は述べるまでもありません。しかしながら，この経験が外傷的に体験されて，「熱ものに懲りて，なますを吹く」という悲しい事態に至る臨床家がいることも事実です。ご本人は「君子，危うきに近寄らず」という思いなのかもしれませんが，残念ながら私たちは君子ではなく，臨床家なのです。
　精神病理学や哲学や実験心理学を最初に学んだ人が心理臨床実践に行き詰りやすいのもこれゆえです。客観的な観察眼が確立されすぎてしまい，その視点の下に自分の主観的な思いが従属させられるだけなので，クライエントのこころをその主体の感覚（フィーリング）としては理解しきれないのです。そうした人たちは，そのままではこころの臨床家そっくりの人に止まるしかありません。
　この内的事態の打開には，かなり長期の訓練——そのことをわかっている上級者による，個人分析とスーパービジョン——が必要であろうと私は思います。けれどもこの傾向の人に限って知的な在り方に満足し，それを誇り拠り所にしているので，こころの臨床家になるための訓練の泥臭さや不器用さの自覚を受け容れられないことが多いものです。しかしながらこの傾向の人が本腰で訓練に取り組むなら，その人の持ち前の感性が人間関係に生きるようになり，実際達成するところも大変大きいのです。

思い入れが強すぎる人の課題
　一方，割合としては少ないと思いますが，相手の立場になってその人の思

いに添う聴き方の方がすでに身に着いている人たちもいます。重度の障害者や障害児を支援する福祉関連の援助職に就くことに積極的な人たちに，この方向づけを持つ人が多いようです。何らかの障害を抱えた相手の身になることに，パーソナルな強い動機と意欲があるのです。それは社会的に貴重な姿勢であるとも思いますが，パーソナルな動機というものはそれが自覚されていないと善意の押しつけという事態に至ってしまうリスクを含みます。この意欲があまりに先走ったり，意欲に振り回されると，そこから自他に新たな問題が生じてしまいます。

　たとえば，クライエントに一体化して過度ともいえるほどに熱心に関わる保健師やソーシャルワーカー，心理士に出会うことがあります。彼/彼女の中には，熱意を注いだクライエント/患者が期待通りに応えられないと最終的に思い至ると，それまでの積極的な世話をいっぺんに止めてすっかり手を引く，放り出すという極端な反応を表してしまう人たちもいます。そこには，客観的な立場に立って見聴きすることとのほどよいバランスを身に着ける心掛けが求められます。

5. 手助け

　私が，ステップ①「批判を入れず，ひたすら耳を傾ける」，ステップ②「……と，この人は思っている」と客観的に聴く，とその順序を位置づけているのは，それをすでに身に着けているかいないかは置いて措くとしても，ステップ①，②の順序で身に着けることがこころの臨床家の訓練での必然だと考えるからです。①がすでにできている人は，②を身に着けるための訓練をじっくりとする必要がありましょうし，②がすでにできている人は，それを横に置いて，①から始めなければならなりません。その上で②を生かすようにするのです，私自身もそうしたように。

　この2つの視点のバランスが実際はどのようにあるのかは，その当人にはなかなかわからないものなのです。人はナルシシズムゆえに，自分はすでにほどよい聴き方のバランス状態を保持していると思っているものです。ゆえ

に，その人の聴き方のバランス状況を客観的に査定してくれる外部の視点が求められます．それを提供してくれるのが，スーパーバイザーやコンサルタントです．また同僚や先輩によるピアの立場からの助言も役に立つでしょう．もちろん，クライエント/患者も，折に触れ私たちの聴く姿勢の実際を意識的に無意識的に教えてくれます．この教えがほんとうに貴重で有用なのです．ここにも，患者から学ぶ機会があるのです．

　一般にはスーパーバイザーによるスーパービジョンが，定点から系統的に働きかけてくれる助言として有効性の高いものです．セッション毎に聴き方の偏ったバランスの是正に持続的に働きかけてくれるでしょう．それがいかなるものであろうと，癖の修正には，修正の作業を反復すること，持続することが必要です．それによって初めて癖を手放すことができます．それは，ここでの課題でも同様なのです．持続的にスーパービジョンを受けること，あるいはみずからが自覚して修正を心掛けることが求められる所以です．

　付け加えると，個人分析の体験こそが，その分析家とともに自らをじっくりと見直す機会です．この聴き方①と②のバランスを自らの心的発達過程から，内面の深いところから見直し，ほどよい均衡に是正する貴重な機会となることは知っておいてよいでしょう．

第6章　聴き方 ステップ③
　　　　私たち自身の思いと重ねて聴く

1．深いところからの共感
　　──こころの臨床の専門家としての聴き方

　聴き方の次のステップは，3番目に位置づけられるステップです。これが，私が思うには，心理臨床での「理解すること」においては大変重要なものであり，心理臨床家を他の援助職とは異なる無二の専門性を有する者にするものです。しかし，そうであるがゆえに，この聴き方の達成には相当な困難が伴うとも言わねばなりません。なぜならそこには，私たち自身の感情──とりわけ，苦痛な触れたくないもの──に触れていくことが前提として求められるからです。

ステップ③「私自身の体験，思いと重ねて味わい聴く」
　　──こころの深みを並走すること

　その方法とは，耳を傾け，添っているその彼/彼女が語っている体験を自分自身の体験として味わうことです。つまり，そのクライエント/患者が表している思いや感情に耳を傾けながら，それらの思いや感情と同じか，できるだけそれらに近似する自分の中の思いや感情に触れていることです。
　たとえば，あるクライエントが"人を殺したいほどの強烈な憎しみ"を私たちに語っているとするなら，彼/彼女のその語りと思いにそのままついていきながら，それに並行して，私たちは自らの中に存在する強い殺人的な憎

しみにも触れるのです。そうした殺したいほどの憎しみを抱いた，もしくは殺すことは考えつかなかったとしても憎む相手の死を願うほどの憎しみを抱いたそのときの感覚，思いを，私たちの中でヴィヴィドに想起するのです。そこには当然ながら，そうした殺人的な憎しみを抱いたときの場面や状況，対象やそうした布置の展開も思い浮かぶでしょう。この感情を生(なま)に，そのクライエントの話に耳を傾けながらそのままついていくことに伴って想起しているとき，私たちは初めて殺人的な憎しみを抱くということがどんなことかが実感できるのです。

聴き方 ステップ①との違い

　この聴き方は，聴き方 ステップ①での「クライエントが語り表すことをそのままに受け取り，ただそのままついていく」という，クライエントの立場に立ち，思いに添ってみることとは大きく異なります。ステップ①の聴き方は，そのクライエント/患者の思いになりきってしまうというところで，私たち自身は空(くう)です。言い換えますと，そこで感じられたり考えられたりすることは，彼/彼女のものであって，私たち自身としての体験感覚はとても希薄になっています。希薄にしておくことこそが，この聴き方に求められています。しかし，このステップ③の彼/彼女のその語りと思いにそのままついていきながら，それらの思いや感情(フィーリング)や感覚と同じ質の私たち自身の中の思いや感情に触れているという聴き方は，私たち自身がその感情や思いの生の衝撃を体験していく聴き方なのです。"人を殺したいほどの強烈な憎しみ"を抱いているのだとその思いに添うのと，その患者/クライエントの"人を殺したいほどの強烈な憎しみ"を聴きながら，私たちの中の"人を殺したいほどの強烈な憎しみ"という思いに触れていることで，その彼/彼女はこのような思いなのだと実感することでは，その質は大きく異なっています。

　この聴き方は，たとえるなら，クロスしながら，クライエント/患者の思いに並走する聴き方と言ってよいかもしれません。それは，クライエント/患者の思いに私たちの足を入れる，彼/彼女の話や思いにそのままついていくというステップ①を線的，一次元的とするなら，平面という広がりを持つ

表3 聴き方 ステップ③　私たち自身の体験，思いと重ねて味わい聴く

```
私たち自身の体験，思いと重ねて味わい聴く：こころの深みを並走する

 彼/彼女のこころの痛み，苦しさを
   自分のそれ［共通感覚］と重ねて味わい理解する

 そのクライエントの主体的な感覚(フィーリング)を体験的に知ること：真の共感
```

二次元的な聴き方と言ってよいかもしれません。私たちはその平面をクロスしながら，並走していきます。これは後に述べることですが，このときにどれだけ私たち自身の感情と思考の深みに私たちが届いているかが，この聴き方の濃さ，達成度を決定します。つまり，深みと表現している三次元的な聴き方に至るものなのです。

　ここで私がクライエント/患者の思いを"殺人的な憎しみ"と述べたところに，たとえば"死んでしまいたいほどの絶望"，"自分を殺したいほどの罪悪感"，"死ぬまで忘れられそうもない恨み"，"涙も枯れるほどの絶望的な悲しみ"，"悶え狂いそうな性的昂ぶり"，"消えてしまいたいほどの恥ずかしさ"，"そのよいもの全部を潰してしまいたい，焼けつくような羨望"，"大声で叫びたいほどの苦痛"等のさまざまな思いを当てはめることができるでしょう。

　この聴き方が私たちにできて，それを内包した理解がクライエント/患者に伝わったとき，彼らは自身のことをほんとうに共感され理解された，深いところで理解され支持されたと感じます。専門的な支持とは，このような，感情が生きて収められている理解が達成するものです。

2.「それは私にはない」

共通感覚 common sense

　皆さんの中にはここで,「私のこれまでの人生はそんなに長くないし, 普通のもので, 特異な事件や外傷的な出来事を経験することもなかったので, そうした感情や思いを抱くことはなかった。だから, こんな思いや感情の想起は私の場合はありえない」, もしくは,「確かに悲しみや憎しみを抱いたことはあるけれど, そこまで極端じゃありません」と言う人がいるかもしれません。

　しかし, ここに例示したような感情には特別な経験や極端さが必ずしも必要ではありません。私たちは生まれてこれまで生きてきています。この間に膨大な感覚や感情を抱いてきました。それらには私たちが心地よくこころに置けるものもあれば, あまりに圧倒的なものであるためこころから排除し, どこかに漂うままにしてしまっているものもあるでしょう。そうした感覚や感情に触れる機会をもつことができるなら, 彼/彼女の感じていることが彼らに特異なものでも奇異なものでもなく, 私たちも何らかに感じてきた, 抱いてきたものだと気づけるものです。

　実際のところ, 彼/彼女の体験している感情に共通する感覚, すなわち共通感覚が, 私たちにあるものなのです。共通感覚 common sense は,「常識」という日本語になっています。常識とは, 通常の知識です。知識と Sense/感覚は違います。常識という日本語では私たちが近づけなくなっている共通感覚こそが, ここで大事なものなのです。

困難さのひとつの例

　ところで確かに, 私たちの個人史において極めて特異な事態・経験があることが, これらの感情を記憶に強く留めやすくするでしょう。けれども, 実際にはそれは逆に強烈過ぎて扱い難くなりやすいものでもあるのです。かえってこころから切り離され, 触れがたいものになっていることは少なくありません。実際, その事態こそがまさにクライエント/患者にしばしば起こっ

ていることです。また場合によっては，その経験やそれに随伴する感覚や思いがあまりに突出してしまい，他の経験からの感情や考えがその陰に隠れてしまって見えにくくなっているかもしれません。精神分析で「スクリーン・メモリー」と呼ばれている，前景化しているもより早期の重要な記憶を隠蔽しているこの記憶は，こうした位置を占めていることがあります。

　個人心理学（アドラー心理学）の創始者であり，フロイトの最早期の弟子のひとりだった精神科医アルフレッド・アドラー Alfred Adler（1870-1937）は，神経症の病因として，人は劣等を補償によって克服しようとするという「器官劣等説」を主張しました。彼は子ども時代に侏儒症にかかり，身長が150 cmちょっとだったのでした。フロイトが「精神分析に現れる性格類型」論文（1916）でシェイクスピアの『リチャード三世』を援用し佝僂の三世の恥辱と羨望を描いたように，彼はまさにその身体の劣等に強烈な恥辱を経験し，圧倒的なその感情の克服が人生の課題であったでしょう。彼は高い知性によってそれを補償するだけではなく，克服の表現として，正当化，普遍化し，学説にまでしたのです。彼はこの考えに排他的に頑固に固執し，フロイトの考えを入れず，フロイトとは袂を分かちました。アドラーの人生のほとんど最初から，身体の問題は彼のこころに大きな影を落としていたのでしょう。その強烈な苦しみは理解できるところです。そしてそれを克服しようとすることに，彼の人生の多くは捧げられたのでした。それはアドラーにとってパーソナルな意義を持つことは確かです。ただそれがあまりに圧倒的すぎて，彼自身の他の多くの経験や思いを吟味する余地を残さなかったようであることは，残念に思えます。

感覚での記憶（フィーリング）

　述べてきましたように，私が例示したような感情は，強弱の差こそあれ，誰もが経験する感情です。そして，それは経験の少ない幼いときのそれほど，生々しいものです。この感情の強度は，それが赤ん坊の頃を含めたより幼い自己によって体験されるときに強さを増します。その頃の思いや感情はとても生々しく強烈な体験として感じられているものなのです。私たちがよ

り幼い頃に経験したそれは，専門用語では「原初的，あるいは原始的な感情 primitive or primal feeling」と呼ばれています。それらの思いや感情は，私たちのこころの何処かに残っているのです。脳に器質的損傷をもたらす衝撃を経験しない限りは，私たちは一度経験した感覚を真の意味で忘却することはできません。ですから，意識的には覚えられていなくても，この種の感情の子ども時代の原初的な強烈さは，身体感覚や場面にともなう感情として記憶されているだろうものなのです。メラニー・クラインはそれらを"memory in feeling"，すなわち「感覚での記憶」と呼んでいます。それを私たちが掘り起こしているなら，この聴き方 ステップ③「私たち自身の体験，思いと重ねて味わい聴くこと」ができやすくなるのです。

　ここであえて述べてみるのですが，「私のこれまでの人生ではそうした感情や思いを抱くことはまったくなかった」と主張する人は，現在もそれらの感情や思いに決して触れたくないのです。それらの感覚に触れることにこころが耐えられなくなること，こころが壊れてしまうかもしれないことを，どこかで怖れているのです。にもかかわらず，その人の中で心理学や精神医学への関心が湧くのは，その感情や思いがその人の意識的なこころに衝迫してくるときがあって，それに反応し，それを「なんとかしたい」，「克服したい」ともどこかで強く思っていて，それが恐怖や苦痛を伴わないところで，いつのまにかなし遂げられることを望んでいるのかもしれません。そうした考えは，その人がその人として自分の人生を生きるのには，それでよいでしょう。しかしながら，心理臨床家や精神科医になるのなら，そのままではこころを専門家として理解することに行きつけないことを認識しないといけないのではないかと思います。また，対処方法についての「克服する」という概念化そのものが問題であることを認識する必要も，実はここにあります。実際難しいのは，こうした問題自体が，それらの感情や思いにきちんと触れないと認識できないことなのです。

3. ここで理論から少し

　この聴き方 ステップ③「私自身の体験，思いと重ねて味わい聴く」で，理解のために私たちがしているこころの作業は，そのクライエント/患者の体験を彼らが主観的に感じているままに生き生きと味わおうとする試みです。つまり，クライエント/患者自身の主観的な体験感覚をそのままそれとして実感しようとすることです。それが聴き方 ステップ①「批判を入れず，ひたすら耳を傾ける」とは異なることはすでに述べました。再度述べますと，ステップ①は，クライエント/患者が語り表すことに含まれる思いや感情にそのまま私たちを同化させるやり方ですから，私たちのおおよその感情や思いは一旦蚊帳の外に置かれます。そして何より，彼/彼女の思いや感情が私たち自身のものとは区別されないひとつのものとして私たちのこころを占めることに，この聴き方の有効性があるのです。ましてや，聴き方 ステップ②「客観的に聴く」という聴き方がなす知的な理解とはまったく異なるものです。知的な理解法しかこころの理解のための装置を備えていない人には，行きつきようがない聴き方です。

　私が，ステップ②が身に着いている人たちは一度ステップ①に戻る必要があると述べていたのは，それがこのステップ③に進むための必要な準備でもあるからなのでした。ステップ①は，クライエント/患者の思いや感情にきちんと触れる，触れ続けておく，そしてそれを通して自己の感情や感覚，思いと繋がっておくというこころの作業――それこそがこころの臨床家に不可欠な作業――を身に着けるのに必要なプロセスを含んでいるのです。

　理論的に述べますと，聴き方 ステップ①の「語り表れされることをそのまま受け取り，そのままについていく」，相手の靴に足を入れる，というこころの作業は，私たちの自己の意識的・前意識的な"投影による同一化"です。そしてその投影した自己部分と元来の自己本体とのつながりを保つことでのフィードバックで，クライエント/患者は"この感じ"，"このような思い"なのだという理解を生じさせています。このとき，投影された自己部分とつながっているもともとの自己部分は，投影された自己部分が知覚してい

る感覚を味わっていますが，その味わい方は，およそ未知のものを見聞する感覚です。あるいは既知であっても，このときの感覚は他者のそれであり，もともとの自己に既知の感覚と意識的に同化されるものではありません。もともとの自己に既知な感覚の方がクライエント/患者の"この感じ"，"このような思い"に染められてしまう，それらの侵襲を能動的に許すのです。このステップでは最初に投影された私たちの自己部分は，マッチポンプ的な役割を取り，それを通してクライエント/患者の投影/侵襲を呼び込むとも表現できるのかもしれません。

　一方，ここ，聴き方 ステップ③「私自身の体験，思いと重ねて味わい聴く」での私たちのこころの作業は，クライエントの思いや感覚の能動的な"とり入れ"であり，そのとり入れにおいて，とり入れられたクライエントの思いや感情は，仕切りを一度取り除いて，すでに想起されている私たち自身の思いや感情と接合させることが意識的・前意識的に試みられています。つまりそこにおいて，私たち自身の思いであるものが，クライエントの生きた思いとしても実感されるのです。そして面接場面ではその上で，それがことばという意識化される表現で，私たちからクライエント/患者に戻されることが試みられるのです。

4．自らが触れえたこころの深みまでしか，他者は理解できない

事前に自らの思い・感覚に触れておく

　ここまで読まれた方はおわかりのように，この「自分自身の体験と重ねて味わう」ことができるには，そのクライエント/患者との出会い以前に私たちが自らのそれらの思いにすでにきちんと触れており，それらに事前に意識的に馴染んでいなければなりません。たとえば，私たちの中に"人を殺したいほどの強烈な憎しみ"，"自分を殺したいほどの罪悪感"，"死ぬまで忘れられそうもない恨み"といった思いがあることを知っており，それらの思いがどんなものであり，さらにそれらの思いからどんな感情や考えが引き起こされるのかをあらかじめ知っておくことなのです。

私たちの側でそれらの感情や感覚が無意識のままであるなら，このステップ③は踏みようがないのです。つまり，私たちはあらかじめ私たち自身の多様な思い・感覚(フィーリング)に触れて摑んでいて，こころの専門家としての私たちが「自分自身の体験として味わう」ために，それらの思い・感覚(フィーリング)がこころの何処かに準備態勢に置かれておくことが求められているのです。

　ここに，私たちの専門性の厳しさがあると私は考えます。私たちの中に劣等意識や嫌悪感や恐怖があって，その何かの感情や思いに私たちが自分自身の中で触れられていないところについては，そのクライエント/患者がまさにその思いに苦しんでいるときに，それが私たちにはわからないのです。「この人は絶望している」，「この人は強い羨望を抱いている」と，頭で知的にわかっている気になったとしても，こころには実感されないのです。すなわち，私たちは，私たち自身の思いに情感を伴って触れた範囲内でしか，クライエント/患者のこころに触れられないということです。

　たとえば，あなたが自らの性的な昂ぶりを持て余していて，その感覚に近づかないようにしているのなら，性的な昂ぶりに振り回されて怯えているクライエントの思いを汲み取ることができません。そのクライエントが語りながら露わにする動揺を「性的な昂ぶりを怯えている」と知的にはわかったようなつもりでも，ほんとうには感知できないのです。それらの感情に触れておれるなら，私たちはその感情を考えることの対象にすることができて，こころの何処かにそれとして安定した形で置くことができます。私たちがみずからの性的昂ぶりをそれとして感知し続けることで，それがどんな感じか，それがどこへ私たちを連れて行きそうか，そして実際にはどうなのかを体験的に味わい，言語化，あるいは何らかの形で意識化し，必要時には想起できる一連の記憶表象として保持しておれるのです。しかし，触れられないままのとき，それは排除され続け，しかしある瞬間に無意識の内に衝動的に行動に移されます。その結果，ますます触れるには怖すぎるものとして忌避され，よってただ行動が反復されるのです。

　このことが，自らが触れえたこころの深みまでしか，他者のこころは理解できない，と私が言っていることです。私たち自身の感情や思いに，それが

苦痛や恐怖を感じさせるとしても，触れ続けているとき，私たちはそれらの感情や思いを細やかに感知し，知ってくのです。この作業を続けることで達成されるそれは，こころの深みに触れると表現できるものです。

困難さのもうひとつの例

　フロイトのもうひとりの最早期の同僚のひとりだったカール・ユング Carl Jung（1875–1961）は，プロテスタントの牧師の息子であり，少年のときある男性から性的な悪戯をされた不幸な経験もあって，性的な感情をそれとして認めて触れておくことができませんでした。そのため，彼はフロイトの性愛感情を重視するエディプス・コンプレックスという考えを拒否し，遂にはフロイトから離れました。しかし彼はシュピーラインを始め女性患者を自分の愛人にするという，職業倫理を逸脱した，触れていない性愛感情の行動化を繰り返しました。そこにはおそらく女性との刺激的な性愛興奮によって，少年のときの性的悪戯で生じた恥ずかしくみじめで絶望的な感情に蓋をして，触らないままにする無意識の意図もあったのでしょう。これは倒錯的な行動化と呼べる在り方です。みずからの中で触れられない性愛にまつわる感情に，その後も触れられないままであり続けることが，患者において性愛感情がもたらしている苦悩に治療的に触れられず，治療者による理解に代わる行動化が治療を破壊するひとつの例です。

私たちこそが自らの内の触れ難いものに触れる

　あるクライエントが妊娠中絶したことを自らの利益のための殺人と認識しており，その経験に万死に値する罪悪を感じているとの悲痛な思いを語るとき，それに耳を傾けている私たちが，私たち自身の，殺害行為――それは，子どもの頃に動物や虫を殺したり，誰かの死を真剣に願ったりするといった形で体験したものかもしれないものです――や，自らの利益を優先して誰かを傷つけたこと等への罪悪感を味わわなかったり受け容れないままにいるのなら，私たちはそのクライエントの思いに近づけません。

　また，もし私たちが，性倒錯行為や嘘をつくことや不正を働く，差別する，

いじめるといったものを，道徳的な嫌悪感からはなから考えない，思わないようにしているのなら，そうした行為を行う人たちの中にある感情や考えを知る手立ては，私たちの中にまったく準備されていないままになります。

　もちろん，ひとりの人の生き方として道徳的に正しくあろうとすることは社会的に望まれることでありますし，個人の倫理観として，その人の生き方において選択されてよいものです。それを変える必要はまったくありません。「うそをついてはならない」，「差別はよくない」等と倫理的に正しいことを主張し，何も考えないイノセンスに留まることこそが実は危険なのです。道徳的に正しくあろうとすることと，道徳的に邪悪なことがどんな思いからなのかを知っていることは両立することです。私が言おうとしていることはそうではなく，私たちがこころの臨床の専門家である以上，こころの重要な機能である感情や思考に制止をかけず，その自由を保っておくことが必要要件であるとのことです。私たち自身の中にある性倒錯的，虚偽的，反社会的な思いに出会っていることの必要性です。

　同じように，たとえば強くなることや正しくあることがすべてを解決すると考えている人は，強くあることや正しくあることが達成と考え，それのみを高く評価しているだけで，弱いときや不正を行うときの気持ちを嫌悪するため，自他の弱い気持ちや歪んだ気持ちを「克服できていない」と軽蔑するだけで，その思いに触れられないのです。しかしほんとうの共感的支持を実践するために，それらこそが道徳的嫌悪や信念や価値観を越えて，感じ考えられなければならないものです。

　羨望もまた，こころに置いていくことが困難な感情です。ですから，私たち自身の羨望を認め触れていてこそ，初めてクライエント/患者の羨望を取り上げられるのです。けれども，それは容易にクライエント/患者に投影され，その臨床家ではなく，彼/彼女が臨床家に羨望を向けていることにされてしまいがちでもあります。なぜなら，羨望される側になることこそが，自らの中の羨望をないものとしてしまう最大の防衛となるからです。実際の臨床ではこのような場面が，残念ながら見られるようです。

レッドカード

　繰り返しますが，私たちはあらかじめ私たち自身の多様な思い，感情に触れ続けている必要があります。それらの思いがこころの何処かに置かれていると，クライエント/患者が語る多様な思いを「自分自身の体験として味わう」ことができるのです。述べてきたような殺人的な憎しみ，あるいは死にたいほどの絶望，悶え狂いそうな性的昂ぶり，焼きつくような羨望といった感情について「私はそんなことは感じない！」，「私はそんなふうに思ったことは一切ない！」では万事休すです。

　それは，自らのこころを探る姿勢を積極的に放棄し，理解をやめることでしかありません。すなわち，こころの臨床家であることを放棄することです。そのままでは，こころの臨床現場から退場するしかないでしょう。

5. 有効な手助け

自己分析

　私たちが私たちの中の劣等意識や嫌悪感，罪悪感，恐怖に押し切られたり圧倒され，触れないままにしているこころの状態から，それらに触れるこころの自由を獲得するには，そのための訓練が必要です。

　その方法は，自己分析です。自らを感知し，意識化する作業です。できる限り徹底して，自らのこころの様態や動きの特性を知り，できるだけ分節化されたことばにするという言語化する作業を行うことです。自己分析の途絶えることのない積み重ねが，自己理解を深めてくれます。そして自己分析を日常的に続けていることが，私たちのこころを，他者の思いに開かれたものにしてくれるのです。

個人分析

　しかしながら現実には，私たちが独力でおこなう自己分析には限界があります。その援助は，分析を受けること，すなわち個人分析の体験がもたらしてくれます。個人分析は，自分がどんななのかを知ることに集中できる時間

を確実に持ち，加えてそこに分析家からの解釈が供給されることで，私たち自身には盲点となって無意識なままで触れきれないこころの部分にも，触れる機会が得られます。

　個人分析はその体験のみでなく，分析家という外部の存在が提供してくれるその視点を内在化することによって，個人分析が終了した後にも，自己分析を続ける際に有用で確実な視点を手に入れる機会でもあります。この視点は，"分析家はどう見るだろう"，"分析家は何て言うだろう"と，こころの中で思い浮かべるという形で再現されます。そして極めて大切なことは，この個人分析の後にこそ，自己分析を続けることです。個人分析の体験から学んだことを契機として，さらにおのれを知る範囲を深めていくのです。それだけではありません。すでに述べましたように，私たちが自らのこころをクライエント/患者に開かれた状態にしておくには，不断の自己分析が必要なのです。私たちのこころについての何かに新たに気づく感受性が保たれていることが，他者のこころに気づきやすくしてくれます。こころの臨床家である限り，それは求められ続けます。

　述べてきたステップ③「私自身の体験，思いと重ねて味わい聴く」において初めて，私たちは既得の知識からの理解とは次元がまったく違う，それは質が違うと言い換えられうる，その人の主観的な感覚を体験的に知るという真の理解が生じます。こころの専門家としての理解はこの質のものでしょう。

　臨床心理学を学んだということと，臨床心理学を実践していることの根本的な違いがここにあります。自らのこころをフルに活用するこの質の聴き方からの理解に到達して初めて，私たちはこころの専門家であると言えるのではないでしょうか。

6．聴き方 ステップ③の含む危うさ

　すでに，聴き方 ステップ①「批判を入れず，ひたすら耳を傾ける」をマスターしてから聴き方 ステップ②「客観的な視点からみること」に進むことという学びの手順の重要性は述べました。これも述べてきたように，あら

かじめステップ②が獲得されている臨床家は，必ずステップ①に戻り，ステップ①を確実に身につけねばなりません。

そうしてステップ③「私たち自身の体験，思いと重ねて味わい聴く」に進みますが，このステップは，その前の諸ステップ——①彼/彼女の立場と思いになってみること，②客観的な視点からみること——のほどよいバランスを確立してから入れられなければなりません。

その理由は，それらの諸ステップが未確立のまま，とりわけ客観的な視点がもたらす聴き方のバランスが未確立のままこの聴き方 ステップ③に入ってしまった人は，状況次第では重篤な精神破綻を来たしかねないからです。すなわち，クライエント/患者の強烈な思いと自分自身の中に甦っている強烈な思いが混ざりあって，そうした混同の中で倍加した強烈な感情体験から，自らのこころの安定が破綻し動揺・混乱が生じ，最悪の場合には，こころの壊滅・解体に至りかねないのです。そうなってしまうのは，前述した能動的なとり入れが意識的前意識的水準でなされるよりも，無意識の水準で抑止なくなされてしまうからです。

鋭い感性が内包する危険性

実のところ，この「自分自身の体験と重ねて味わう」技術には，精神病的な感性が大きな力を発揮します。すなわち，自他の分化が曖昧になり他者と融合しやすく，かつ自分の中の意識と無意識の境界も失われ混ざりやすいこころです。こうした感性の彼/彼女においては，無意識裡に投影ととり入れが大変活発に作動しています。よってこれらの感性の人では，そのクライエント/患者の思いが自分の思いと直ちに融合して感じられます。両者は近似ではなく，まったく同じになります。クライエント/患者の感じている，思っていることは，彼/彼女自身の思っていることそのものです。まったく同じであることは，クライエント/患者の思いをそのまま感じられることであり，臨床家としての有能さの表れです。極めて病的な人が，クライエント/患者の深い思いをほとんど直観的に感知する"臨床センスの素晴らしい鋭さ"をみせるのはこのことによるのです。その彼/彼女の鋭さは，ここか

らきているのです。

　しかしこの自他の分化や意識・無意識の分化が失われやすいナルシシズム的なこころの状態に基づく資質こそ，順序を踏まえた訓練によって心的構造が確実に枠づけされ，こころのバランスの安定が十分に図られなければならないのです。すなわちクライエント/患者の深い思いを鋭く感知すると同時に，離れて見ることができること，自らのこころの動きを意識化できることも，専門職としてのこころの臨床家であるなら当然求められます。私たちは，私たちがこころの危うさに近接しているかもしれないことをわかっていなければなりません。

第7章　聴き方 ステップ④
　　　　同じ感覚にあるずれを細部に感じ取る

1. ずれを細部に感じる

　ここに次のステップ，すなわち聴き方 ステップ④があります。このステップは，ステップ③「私自身の体験，思いと重ねて味わい聴く」から派生しています。

ステップ④「同じ感覚(フィーリング)にあるずれを細部に感じ取る」
　聴き方 ステップ③「クライエント/患者の語りを自分自身の体験，思いと重ねて味わい聴く」において，私たちは私たちの中の同じか近似している感覚や感情を味わいつつ，クライエントの思いを聴いていきました。それは，クライエント/患者の主観的な体験の重みを，私たちにそれとして実体のある感覚や感情で実感させてくれました。それらを感じながら，そうした感情を含んでいるクライエント/患者の感覚や思考の動きについていくと，同じ思いの中に，微妙に私たち自身の感覚や思考の動きとは異なる部分を繊細に感知することも起きてきます。
　ですから，この聴き方 ステップ④「同じ感覚にあるずれを細部に感じ取る」では，そのクライエント/患者の思いや感覚，思考をそれとして実感しつつ，同時にそれらが含む，私たち自身の思いや感覚，思考との間での差異を精密に吟味するという，分割された双眼視を，私たちは実践しています。すでに聴き方 ステップ①とステップ②において，こうした2つの視点を並

表4 聴き方 ステップ④　同じ感覚にあるずれを感じ取る：さらなる理解へ

> 彼/彼女の思いや思考の動きと私の内なる思いや思考の動きのずれから湧き上がる"問い"を吟味する
>
> 　「なぜ，この人はこう考えていく。どうして，こうする」
>
> 既得の知識の外からのあてはめではない，こころの内側から生まれる，その人個人の在り方の理解

行して維持することを述べましたが，その場合とは，いわば，深さと細やかさが違っています。

こころの空間を使う

　聴き方 ステップ①とステップ②は，クライエント/患者の話についていく，思い入れると同時に離れて見るという，外的対象との間での私たちの自己の投影と元々の外からの位置の保持の二点での往復の線ベクトルの動きでした。しかし，このステップ③「クライエント/患者の語りを私自身の体験，思いと重ねて味わい聴く」とステップ④「同じ感覚にあるずれを細部に感じ取る」は，そのステップ①と②を達成している上で，クライエント/患者の思いをとり入れて味わうと同時に，私たちの中のそれらと共通する感覚や感情に触れ，かつその共通感覚との微妙な違いも感知していくという，私たちの内側のこころの空間を使う三次元的な立体感覚のもとでの理解が進められています。この私たちのこころの立体空間において，クライエント/患者の思い，それと共通感覚と言える私たちの思い，この両者を吟味する第3の私が保持されるのです。

ひとつの例

　あるクライエントは,「死にたいほどの絶望感」を語っていました。それから,絶望感がもたらす底に行きつかない苦痛から逃れるために死ぬ方法を具体的に考えていることを淡々と話していきました。それは,表面はさざ波のような静かさですが,強く押さえ込まれている激しい憎しみが彼女から染み出てきているとも面接者には感じられるものでした。続けて彼女は,彼女が以前働いていた会社の入っているビルの屋上から飛び降りようと考えていると言いました。

　彼女は,「絶望している私のことを誰も知ろうとしないし,どうせ私なんかさっさと死んだらすっきりすると,皆思っている」と,語気を徐々に強めながら語ります。そして「皆,私のことが嫌いなんだ。こんな私なんか,いないほうがいいんだ」と吐き捨てるように言いました。うつむいた彼女は力を失くしたような様子で語りました。「私には,誰もいない……」

　聴いている面接者の中ではかつての自分自身が味わったある絶望の体験が自ずと甦り,そのときの思いに触れながら,面接者は彼女の語りについて行きました。

　面接者の中に"確かに私にも死んでしまいたいほどの絶望があった。ほんとうに苦しい,自分だけが深い崖の底にいて,自分が息をしていることさえわからない感覚だ。その感覚のときには,私なんか世の中にはいらないんだと思った。こうした私に誰も関心がないようにも感じた。その皆の様子に激しい憎しみを感じた。一緒に働いた人たちは確かにそうなのだろう。皆忙しくて,自分のことだけで精いっぱいだ。あの嫌味ばかりだった上司に,死んで思い知らせてやりたい気持ちもあった。絶望から抜け出る道は,死ぬことしかない。そう思い詰めた。それしか考えられなかった。ただ,ほんとうに死んでしまうことは,苦労して生きてきた母の心配をなくすことにはなるが,母を悲しませ,さらに傷つけることになる"との考えが流れていきます。

　そこで,"だが,彼女からは,これまでの面接でしばしば同情的に語

っていた母親のことがここに出てこない。私は自然に母のことが思い浮かんだのだが，彼女は，私には，誰もいない……と言う。誰もいない……この違いは何なのだろうか"という問いを含んだ連想に進みます。

　ここに問いが発生してきています。そこからさらに，"彼女の感覚や考えには，敵意と嫌悪に満ちた対象群に取り囲まれているとの被害意識が強くあるようだ，彼女がこれまで心配と語っていた母親も実はそのひとりなのだろうか"とのもうひとつの新たな問いが，私たちの中に生まれるでしょう。"彼女は現在の身近な人たちへの憎しみを語っているのだけれど，ほんとうに憎しみを向けているのは，母親なのかもしれない。今の彼女の姿に母親が失望し，もうすでに母親が彼女を見捨てているように彼女は感じているのかもしれない。私の場合は，母はそのような私でも支持してくれると感じることができていた。今の彼女と私では，母親に対する感覚の相違は大きいようだ。そしてここには重要だが慎重な探索が必要に思われる"と，面接者はさらに彼女の思いに適切に触れる糸口を用心深く探すことに，こころを砕いていくことになりそうです。

　私たちの中の同じか近似する感情体験によって彼/彼女の思いを実感したとしても，それは，おおよそ同じ，たとえば概念化したときには"母親への深い悲しみ"，"侵入してくる支配者への強い恐怖"と感じられても，完全に同じものでは決してありません。それはありえないことであり，当然ながら，その感情や思考の細部は異なります。その感情が向けられる対象やその主たる感情から派生的に生まれてくる感情や思考の性質，そしてそれらの流れる速度や方向，深さ，広がりに，とても微妙に，ときには暗示的に，またあるときには明瞭に違いが認められるでしょう。

　その違いは，一方で私たち自身の中で独自に展開する自らのこころの動きのプロセスを細やかに吟味しながら，その人の思いや思考の繊細な動きにそのままついていくなら，自ずと浮かび上がってきます。両者は遠目に見ると1本の線のようで，近づくと2本の線路が平衡に走るひとつの軌道のようで，さらに近目で観察するとそうではない両者のずれが，あるとき目に入ってき

ます。そのずれ，違いを繊細に感知し，そこに自然に生まれてくる問いを吟味していくことが，そのクライエント/患者その人の主観的な世界での独自な在り方を，私たちのこころの内側から理解することをもたらしてくれるのです。

2. もうひとつの例

　ある男性は，幼い頃から彼という存在が母親には重荷になっていると強烈に感じており，その重荷感を和らげることに始終こころを砕いて生きてきたことを語っていきました。母親にとって彼が重荷であることは，それ自体が彼には大変悲しく苦痛でした。それは，あまりに痛すぎて触りたくないものとして語られました。だから彼は，母親の思いを先に先にと考えて，母親に生じているだろう負担を和らげる行為に前もって勤しむことを語りました。彼が優秀な息子であり続けることは彼にできる母親の負担を和らげる方法で，そのとき彼は重荷ではないと思えて安心できる在り方でした。そしてこの努力を語る彼からも，静かな悲しみが漂っていました。

　　それを聴きながら，私は私の中で，私自身の個人的な体験を思い起こしていました。それは小学校に入学してまもないときのことでした。その小学校は，母親の望みで私は受験をして通うことになったところでした。合格したことで，私は母親の希望に首尾よく添えたことで大変うれしかったのでした。ただ，その小学校はかなり遠くまったく行ったことのない地域にあり，道は複雑でひとりで通えませんでした。ちょうど私の家のすぐ近くに2学年上の女の子がいたので，その子にバスに一緒に乗ってもらって通学することができました。そうしてしばらく通い，私は顔見知りがひとりしかいない学校にも慣れ始め，乗り物酔いでもともと苦痛だったバスで通うことにも慣れ始め，すべてはうまくいっているように感じていました。

ところがある日，私は母親から突然叱られたのです。いつまでバスで通うのか，女の子のバス代もかかっているのに，と。

　私は激しいショックを受けました。私自身はまったくうまくやれているし母親も喜んで満足していると思っていたのに，そうではなかったのです。私は，母親に負担を掛け続けていたのを気づかなかったと思い，強い自責の念を抱きました。また怒られたこともあって大変悲しかったのでした。そうだったのかと私は思い，それまで呑気に乗っていたバスの中から外を見て，通学路を覚えることを懸命に，ほんとうに懸命に道を覚えようとしました。こうした私自身の体験を想起しながら，彼が母親に負担になっていると感じたときの悲しみや苦痛と，それに触れたくないとの思い，そしてそこから母親の負担を取り除く行為に励む，いやむしろ，母親に喜びを与えようとする行為を実行していく姿が重なって，実感のある体験的理解として，私に感じられていました。そして今の私は意識的に感じることができているが，当時の私は気づきもしなかった感情，すなわち母親自身が望むことを押しつけてくる母親への怒りの欠落もまた同じでした。彼と同じように，母親の期待に応えて母親の喜ぶ姿を見たいとの思いはあっても，母親に腹を立てることは思いつかない感情でした。

　彼は話を続けました。
　母親の重荷であることが悲しく苦痛であることもあるが，それよりもっと怖いものがある。それは，負担や重荷が重なって母親が死んでしまい，自分がひとり取り残されてしまうとの恐怖でした。彼が言うには，彼の母親はしばしば身体の不調をこぼし，「私は長生きできない」と口癖のように言っていました。「今も誰よりも元気で，姉たちの4人の孫の世話を一手に引き受けてやっていますが……」と語る彼は，力のない笑いを浮かべました。

耳を傾けていた私は，母親の死への恐怖と取り残される怖れは，体験的にも理解できる感覚を抱きました。ただ「ひとり取り残されてしまう」の"ひとり"に私は引っかかりました。彼には父親も2人の姉もいたのに，彼は"ひとり"と感じるのだ，と。彼がつながっていると感じられたのは母親だけだったのだ，と。それは，私の対象関係とは異なるものでした。私には兄弟とのつながりが自然なものと感じられていて，それゆえ兄弟との距離を意識しないほどでした。むしろ彼の話は，他人としての兄弟を私の中に浮かび上がらせました。そこから私の中に，彼にとって父親や姉たちとは何だったのだろうか，どんな存在だったのだろうか。彼には母親代理の人物はまったく想像できないものだったのだろうかといった問い，また，母親が死んだあとのどんな自分を彼は思い浮かべていたのだろうかとの問いが浮かびました。私は彼が続けていく話を聴きながら，私のもの想いの中で，これらの問いを吟味していきました。

　この聴き方ステップ④に到達したときが，私たちがこころの臨床家としての専門的聴き方を手に入れ，熟練に向かい始めたときでしょう。貴重な達成です。そして，それは最終到達点ではなく，臨床家としてのさらなる成熟のための新たな始まりであることも忘れてはなりません。

3．支持的聴き方としての到達点

　このステップ④「同じ感覚にあるずれを細部に感じ取る」が，支持的な聴き方でのもっとも熟成した到達点であると私は考えています。この聴き方は，相手の思いに情緒的に同調することから進み，情緒的理解のために面接者のこころを使う，すなわちパーソナルな感覚・感情・思考に根差した深い真の共感によって生まれてきました。これまでに提示してきました聴き方の進展からおわかりのように，支持的な聴き方とは，そのクライエント/患者の思いを肯定的な対応で聴き入れるという単純なものではなく，深い奥行きを持

つものなのです。

支持療法の難しさ

　「支持療法」,「サポーティヴ・セラピー」と一般的に表現されるときには,その基本として,そのクライエント/患者の発言を傾聴し,彼/彼女の考えや感情を否定せず,肯定的な対応をすること,と表現されるのではないかと思います。テキストブック的には,その通りです。けれども,実際の臨床場面でこの「支持療法」でさえ,実践することがいかに難しいかは私たち皆の知るところです。その困難な経験は,こころとこころの出会いがどれほどインパクトの大きいものかを私たちが改めて思い知ることなのです。それは,大いなる意欲と希望をもってこの世界に入った私たちをひるませるに充分足るほどのインパクトを持っています。精神医療,心理臨床,社会福祉等のこころの臨床の"臨床"とは,それを知るところから始まると言ってもよいかもしれません。

　ですから支持療法を,支持的な聴き方を,段階的に確実に身に着けることが,私たちが参入したこの世界を私たちが生き抜くために求められていることなのではないでしょうか。それは,クライエント/患者の生きているこころに,私たちがこころの臨床家としてどのように生きているこころを提供し続けるかという困難な仕事を,経験のある方にはわかるようにほとんど不可能なこの仕事をストラグルしながらも何とかやり通そうとする姿勢を,私たちは求められていることなのでしょう。その求めに応じようとするときに,その困難さを生き抜く手立てを,ここまで私なりに示してみたとも言えそうです。

基礎技量を身に着ける

　支持的聴き方は基本ですから,それをマスターしたなら次のもっと高度で専門な方法を目指そうと考える人も多いかもしれません。確かに支持的な聴き方ができたところでは,新たなステップアップも視野に入るでしょう。しかしながらここまでに私が段階的なステップを提示して示してきたように,

支持的な聴き方にも奥行きと深さがあり，成熟があります。ステップアップの前に，この聴き方をしっかりと身に着けておきたいものです。そしてそうした立体性と深さを備えた聴き方ができるようになるには，当たり前のことなのですが，日々の修練と訓練を積み重ねることが必要なのです。

　社会においてその人の職業的技量を評価するとき，基本がどれだけしっかり身に着いているかに私たちは着目すると思います。また，私たちが新人を迎えるとき期待するのは，基礎技量をしっかりと身に着けてもらいたいとのことであろうと思います。こころの臨床家の聴き方についてもそうなのです。ここに示してきたステップ①からステップ④までを達成するにはどのくらいの経験や歳月が必要なのかという問いもあるかもしれません。ふたつの答えを私は用意しました。

　ひとつの答えは，それは2, 3年や4, 5年で身に着くものではないだろうとのことです。もうひとつは，この達成には終わりがないというものです。そしておそらく，現実はその中間にあるだろうということです。私たちは行きつ戻りつしながらゆっくりと技量を向上させていくのです。それには終わりがないとしても。

　最後にひとつだけ付け加えておきたいことがあります。それはすでに述べていることでもあるのですが，他者に共感し受容するには，他者のこころに真に触れるには，何より私たちが私たち自身のこころに真に触れていることが必要です。たとえそれが強い痛みを私たちに感じさせるとしても，必要なのです。そしてそれは，私たちがこの仕事に就いている限り，続けられていなければなりません。このことが私たちの職業の大変厳しいところです。しかしそれは同時に，私たちの人生全般の質を高めてくれることであることも，忘れてはならないことだと思います。人と共に生きていることがどんなことであり，そのためにどんなことが求められているのかを真に学ぶ，他にない貴重な機会を得るのです。

4. 振り返り：聴き方のステップ ①→②→③→④

　ここにもう一度，支持的聴き方の 4 つのステップを表示します。読みながら，これまで私が述べてきたことに思いをめぐらしていただきたいと思います。

共感と受容のための支持的な聴き方

ステップ①

語り表されることをそのままに受け取り，そのままついていく

すなわち
傾聴しつつ観察しつつ
クライエントの立場に立ち，思いに批判なく添ってみる
　　　　　「自分の足を他者の靴に入れる」
　　　　　　Putting oneself into someone's shoes
批判を入れず，ひたすら耳を傾ける

ステップ②

客観的に聴く

クライエントの語ることを客観的な事実ととらえてしまわず，
「……とこの人は思っている」という客観化した視点から聴く
　　それは事実であるが，そのクライエントの主観的事実である，心的事実である

臨床家であるためには，ステップ①「批判を入れず，ひたすら耳を傾ける」とともに客観的に聴くこと

ステップ①とステップ②のほどよいバランスを育てること

ステップ③

私自身の体験，思いと重ねて味わい聴く：こころの深みを並走すること

彼/彼女のこころの痛み，苦しさを，
　自分のそれ［共通感覚］と重ねて味わい理解する

そのクライエントの主体的な感覚を体験的に知ること：真の共感

ステップ④

同じ感覚にあるずれを細部に感じ取る

彼/彼女の思いや思考の動きと私の内なる思いや思考の動きのずれから湧き上がる"問い"を吟味する
　「なぜ，この人はこう考えていく。なぜ，こうする」

既得の知識の外からのあてはめではない，こころの内側から生まれる，その人個人の在り方の理解

ステップ③と④は，両者が2本の線路が平衡に走るひとつの軌道のようで，そうではないそのずれも見えてくる

第Ⅱ部　精神分析的リスニング
―こころを感知する聴き方―

精神分析的リスニングとはどんなものか

　ここまで，共感と受容を能動的に実践する支持的な聴き方を描き出してきました。これらの耳の傾け方は，こころの臨床家，専門家であるなら身に着けておくべき基礎技量です。しかし，基礎技量とはいいながらも，専門的な聴き方である以上，そこには奥の深いものがあるところ，きちんと身に着けるには手順と修練を必要とすることは感じられたのではないかと思います。その臨床家がいかなる心理療法的技法──行動療法，認知療法，力動療法，森田療法，内観療法等──をおのれの専門に選択しようとも，この基礎技量なくしては小手先だけの浅薄なアプローチに終わることは明白です。

　そして，これから第Ⅱ部として部を改めて，精神分析療法で聴き方，精神分析的リスニングを私は述べようとしています。私が表現を変えて述べている両者の聴き方は，どのように違っているのでしょうか。

　それは，次のように言えるのかもしれません。

能動的に聴くことと自然に感知すること

　支持的な聴き方では，私たちはクライエント/患者の思い・感情を積極的に汲み取ろうとします。そのために，クライエント/患者が意識的に語っていることを肯定的にそのまま受け入れるようにこころしますし，そこから彼/彼女に意識されている，あるいは，ときとして意識されていないかもしれない感情や思考に触れ，それらを彼らの思いに沿って理解していこうとします。このとき能動性をもって私たちは，気持ちの上では，彼/彼女と一体になったり向かい合ったりしています。

　ひとつの表現をするなら，それは二者間での線ベクトル的往復（⇆）を使った三次元空間をもつこころの働かせ方と言えるのかもしれません。そこでは，2人の間にある種の同盟的な結びつき，すなわち「ラポール」と呼ばれたりしているクライエント/患者の陽性の感情が，面接者が意識しているも

のであろうと，双方において強く意識されていようと，感じられているものでしょう。

　これから述べます精神分析的リスニングの背景には，クライエント/患者の彼ら自身も触れていないだろう，こころの深いところに置かれている思考や感情を理解しようとする姿勢が面接者の側にあります。この深い無意識に及びうる思考や感情は，彼らの口を通してことばで言語化されて表現されているものがあるとしても，ことばだけには収まらず，彼らの些細な振る舞いや態度，その面接室に持ち込む空気を含めてその人全体で，面接空間全体を使って表出されているものです。このリスニングは，それらを感知しようとする聴き方と言えます。

こころを揺蕩わせる

　誤解なきようにしたいのですが，そうした目的ゆえに精神分析的リスニングでは面接者は，クライエント/患者が意識的に語っていることに誠実に耳を傾けていますが，彼/彼女の発言内容一字一句を正確に聴き取ろうとはしません。そうではなく，語られることに耳を傾けながら，発言を聴き入れるこころにある私たち自身の思いを，抑止をかけることなくそのままに漂わせておくのです。それはあたかも，その彼/彼女が語っていることと，そのことばの含意・含意の外，間，雰囲気・空気とその動きといった言語的非言語的に表されているもの全体をこころで味わう，あるいは，その流れに添わせながら私たちのこころを漂わせ応じておくといった対応の仕方なのです。

　この聴き方は，支持的聴き方を二者間のベクトル的往復と表現したことに対応させるなら，クライエント/患者の三次元的こころの内外を自然に漂う，もしくは揺蕩う，と表現できるかもしれません。しかし，この説明ではもうひとつよくわからない，ぴんと来ないと多くの方は思われていることでしょう。

　そこで，実感につながりにくい説明を続けるより，臨床ヴィネットをひとつ提示してみましょう。それから，その聴き方の実際に歩みを進めてみましょう。

臨床ヴィネット

　外界での出来事やそのアナライザンドとの関係においても，とくに特別な何かをこころに抱えていることなく，その精神分析セッションにいつものように私は臨みました。

　玄関で普段通りに挨拶を交わした後，面接室に入室してきたそのアナライザンドは，やはりいつものように上目遣いで私に一礼した後，いつもならそのままカウチに横たわる態勢に入るところをこのときはそうはしませんでした。私の前にやや緊張した表情がありました。その少し怯えたように見える表情を見ながら私は，"何か私に言いたいようだな"と思いました。怯えたようなその表情は，これまでもあったように，痛々しさを私に少し感じさせました。

　そのところで話しかけてきたアナライザンドは私に，3週後に分析セッションのキャンセルを1回取る予定を伝えていたが，それを取り消し，可能ならその日のセッションを持ちたいと，その事情の変化を付け加えて私に伝えてきました。私はカレンダーを目で追ってその日にちを確認しながら，この申し出への了解を伝えました。アナライザンドはほっとした表情を浮かべ，笑顔を作りかけましたが，それには留まらず，次の動作に移っていきました。それを見ていた私のこころには浮かぶものがありましたが，ことばにはなりませんでした。私はそれに注意を留めることはせず，そのままにしておきました。

　アナライザンドはカウチに横になりましたが，沈黙したままでした。沈黙が生み出している空気は，緊張の高いものではありませんでした。カウチに横になったとき，それまで漂わせていた緊張感はすみやかに引いていったようでした。

　座っている私は，部屋の向こうに見える本棚の一群の本を見るとはなしに見ながら，待ちました。いつものことでした。その週2回目のセッションでした。そのことが，私の頭に浮かびました。それだけでした。前回のセッションの内容に私の頭は一瞬向かいそうでしたが，何も出て

きませんでした。その動きを進めることも私はしませんでした。それから私の中に，ほんのさっきアナライザンドがセッションのキャンセルをキャンセルしたことが浮かんできました。3週間後のその日がいつもの普通の一日になるなと，私は内心思いました。

　アナライザンドは話し始めました。その口調は少しいつもより強いトーンに感じられましたが，語られ始めたのは先ほどのキャンセルのキャンセルの理由にまつわる話でした。私は，変更の理由を充分説明して私を納得させることで安心したいという私との間での不安を表しているようだと思いましたが，この見解は私のこころに留めました。その話ではアナライザンドの仕事にかかわる変化がその理由に関係していましたが，そこでは，自分はもともと認められていなかったのだが，今回が仕事で認められる機会に今更なるのも困るという思いが述べられました。意識的な戸惑いが語る中にありました。ただ，その内容は新しいものとは私には感じられませんでした。

　私は，相槌を挟みながら聴いていました。本棚を見ていた私の目は，もはや外界の何にも注目していませんでした。言わば，見ていましたが何も認識していませんでした。私はそれとはなしに，アナライザンドの今日第一番目の内的状況を聴いていると考えていました。それは，ここで私が意識的に思考するなら，ひとつのまとまった構図に形成されそうなものでした。しかし，私はそうしませんでした。構図の輪郭がつかめないままにしておくことにしました。その話は終わりました。一息が入りました。部屋の空気はとくに動きませんでした。私は内側のものを味わい続けていました。それはやはりことばになりませんでした。

　それからアナライザンドは「今日は，話したいことがあるんです」と，勢いをつけた口調で切り出しました。"ほう" と私はこころの中で思いました。これから語られそうな何かへの期待が私の中に湧き上がっていました。私の気持ちが前のめりになったことを私は感じました。この人のペースに私が乗る動きかなと，警戒の引き戻しの動きも私の中に起こってきました。このセッションの新たな次元に，すでに私たちが入り始

めたことは確かに感じられました。
　それは，誤解にまつわる話でした。その話のえもいえぬ，要所を聞き漏らしてしまいそうな微妙な展開は，私がそれに密着して細やかについていく必要を感じさせ，実際私はそうしました。そうしながら，以前にも似たような気持ちの動きをとったことを私はそれとなく思い出しました。ただ過去のそのときの内容の輪郭をはっきり意識化することにはなりませんでした。聴きながら，やがて私の中で "誤解" ということばを軸に，この日の最初の話，すなわちキャンセルの原因となった仕事にまつわる話がつながり始め，それからそのアナライザンドの母親とのある特定の関係が浮かび上がり，この誤解の話の原型はそこにあると思いました。この両者を重ね合わせるには，私の中での折り合わせの意識的な工夫が少し必要でした。
　ここで私は，私が無理をしているのかもしれないと思いました。無理してついていき，無理してまとめようとしているのかもしれない，と。それから私の中に，先日会食したある人物像が浮かび上がってきました。彼はとても気遣いが細やかで話題も豊かでした。そして礼儀正しく自分を律している人でした。それは彼に好意を感じないではおれない，間違いなく賞賛に値する態度でした。だが，彼は無理をしていないのだろうか。やはり，そこに無理はあるのだろう。しかしそれは無理をしているとは彼自身は思わない無理かもしれない。そう，まったく無理のない自然体でいることを一体誰がしているのだろうか。続いて，私と同じ仕事をしている別のある人物が私の中に浮かびました。"ああ，私はアナライザンドの話から離れてしまっていた"，と私はここで気がつきました。何かが私をそこに連れて行ったのだろうと思いました。"それは何なのか"。
　そこで思いました。それにしても，何のための無理？　おそらくそれは，私が安心するためであり，アナライザンドとほどよい距離を持とうとするためでした。でも，ひょっとしたらそれは，私が優位に立とうとするためだったのかもしれない。何のための優位？　それは話してい

るアナライザンド自身も認めていたある種の傲慢さがその内容や語り口に感じられたことへの私に起こった反応だったようでした。傲慢さへの私の陰性の反応を抑え，その人の誤解される悲しみに私が寄り添おうと，私は意識に近いところで私自身のこころを動かしたようでした。

　この間，私はときに相槌を打ちながら，口を挟むことなく，ただ聴いていました。ここまで，そのセッションが始まっておそらく 10 分が過ぎるか，過ぎないかだったでしょう。

第8章　聴き方 ステップ⑤　無注意の聴き方

1. さらにあるもうひとつのステップ

　精神分析の臨床家として機能するには，こころの臨床家としての専門的な支持的聴き方を身に着けた上で進むことが求められる，重要な次のステップがあります。それは，一言でいうなら，内容を正確に聴き取ろうとする能動的な聴き方から，それをしないことにした受動的な聴き方への変換です。

　これまでに述べてきた支持的な聴き方は，"聞く"という行為そのものの性質から一見受け身に見えることがあるとしても，そのクライエント/患者を能動的に理解していこうという姿勢を背後に置いている聴き方でした。クライエント/患者の思いを理解するために徹底して耳を傾けている姿には，後には意識されない形になるにしても，そもそも意識的な積極性があるのは明らかです。また，彼らと一体化する，もしくは私たちの思いを重ねる姿勢にも能動的姿勢が含まれています。それぞれの面接の後，もしくは一日の仕事が終わった後，私たちの中にえもいわれぬ疲れを感じるものですが，それはこれらの制御された能動的な姿勢の維持が私たちを内から消耗させているゆえなのです。

精神分析的リスニングでの聴く姿勢
　けれども，精神分析的リスニングは異なる形態の聴く姿勢を求めます。そのリスニングは，単純に受け身的な聴き方ではありません。次の職人の例はその理解に有用かもしれません。

それがどの種の仕事であろうとも，熟達した職人・技術者——それは，理容師でも美容師でも大工でも熟練工でも料理人でもよいのですが——は，彼/彼女がそのときかかわっている素材——髪，木材，繊維，金属，食物——に目の色を変えて能動的に挑むのではなく，それらの素材が自ずと現わしてくるものをまず受け取ろうとします。言わば，素材が声を発するまで待ち，発する声をそのまま聴くのです。宮大工に「木のことは，木に聴け」ということばがあります。この姿勢と共通します。そして素材の発する声に従って，彼/彼女の中でその素材の質や状態を感じ取り，こころの中に，その素材に適う彼/彼女が使っているある道具が自然に浮かび上がって選ばれ，素材がもっとも生きるように使用されます。それは，表面に見えている単純な受け身のかかわりではまったくありません。意識的な意図性は排除されていますが，無意識的なこころの作業は能動的に営まれているのです。

　そうすると，ここで求められることは何でしょうか。それは，訓練を重ねてここまでに達成した聴き方を，とりあえず横に置くこと，とりあえず忘れることです。より正確に表現するなら，横に置けるようになること，でしょうか。つまり，操作的にそうするのではなく，達成の結果，そうなることが望まれるものです。

2. 聴き方 ステップ①から④までを退ける

　私たちが身に着けてきた，聴き方 ステップ①からステップ④までの，理解に到達しようとする能動的な聴き方を退けます。一旦横に置くのです。それらの聴き方を，私たちの前意識，あるいは無意識に置いておき，必要なときに状況に応じて自発的に作動するようにしておくのです。つまり，無意識の内に能動的聴き方が自ずと出てくる受動的な聴き方を目指します。

　先ほどの熟達した職人・技術者の例に戻るなら，そのとき行っている作業の状況や素材に応じて必要な道具を，意識して考え選ぶことをせず，無心の内に選び出して使うやり方です。私はすでに「とりあえず忘れる」と表現してきましたが，こうした熟達職人にみるように，その方法が私たちにほんと

表5 聴き方 ステップ⑤　無注意の聴き方

```
ステップ①から④の聴き方を退け，受け身的に聴く

「あえて，自分を盲目にする」　Freud, S.
「記憶なく，欲望なく，理解なく」　Bion, W.

能動から受動への変換：聴き取ることをやめ，流し聴く

身を控えた受身的な聴き方：方向づけなしに聴く聴き方
```

うに身に着いているなら，普段の活動では意識的には忘れてしまっていることが自然になっているのではないでしょうか。これが聴き方 ステップ⑤です。

　ここにおいて私たちは，意図して聴き取ることをやめ，流し聴きます（註：「聞き流す」のではありません。聞き流すのは，聞かないことと同義です。そうではなく「流し聴きます」）。聴く私を，緩くたわませます。すなわち，聴くときの意識的な注意，注目を排除するのです。

あえて，自分を盲目にする

　この在り方をフロイトは，「あえて，自分を盲目にする」と表現しました（「ぼんやりしたところを検索するために，しばしば私は人工的に自分自身を盲目にしようと試みます」Freud, S. Lou Andreas-Salomé への私信 1916. 5. 25）。

　注目，注視／無視ということばにあるように，注意を向けることは視覚的な体験に代表されます。それゆえフロイトは盲目という表現を用いたのでしょう。積極的に注意を集めないことの身体的なメタファです。私たちの日常語を使うなら，「聞き耳を立てない」と表現できるのかもしれません。

　それは，「身を控えた受身的な聴き方」とも表せそうです。それによって，

無注意に方向づけなしに聴くことになるでしょう。それは逆説的には，あらゆるものを聴く聴き方でもあるでしょう。

　フロイトのこの表現は，後にビオンによって，「記憶なく，欲望なく，理解なく」聴くと表現されます。注意を向けるときの背景にあるこころの活動──覚えている，わかろうと欲する，わかる──を停止させることなのです。「できるだけ真っ白に近いこころで」面接に臨もうとも表現しています（Bion, W. 1976 Evidence）。

記憶なく，欲望なく，理解なく

　能動的に聴いているとき，その背後では理解を進めるために私たちは，能動的に（すなわち，どこか意図的なものがあって）それまでの経験から覚えていることや既成知識を想起して，聴いた内容と照合しています。この能動的な記憶の想起をやめること，それが「記憶なく」です。こうした既存の知識と積極的に照合してそこに理解を作り出すという作業を止めること，それが「理解なく」です。また，私たちの欲望──クライエント/患者の話に刺激されてさまざまに望むこと，たとえば治したい願望，好かれたい気持ち，金銭欲，名誉欲等挙げればきりがありませんが，そこには理解したいとの欲望も含まれます──も刺激されています。日常生活での私たちのこころの活動は，聴いていることを直ちに先入観や既得知識で染めてしまい，私たちの聴きたいものだけを選び取って聴くようにしてしまうのです。ほんとうには聴いていません。それが人の本性です。

　これまで私がたびたび引用してきた「ビオンとの対話2」にある，一人の参加者が持ち出してきた次のような逸話にあるがごとくです。かつて，ある若い男性が大学に行くべきかどうかをその参加者に相談に来ました。その参加者は彼に行かないほうがよいと伝え，理由を挙げました。それから2年後，その参加者はまったく思いがけない町でこの男性から声をかけられましたが，彼は参加者に非常に感謝していると言い，次のことを言いました。「あなたは私に，大学を行くように言いました」。人はすでに自分のこころに用意していることを聴くのです。

私たちは，私たちが聴きたいこと，私たちがクライエント/患者に望むことを聴こうとします。それをやめること，それが「欲望なく」です。

3. どうすればよいか

それでは聴き方 ステップ⑤「①から④の聴き方を退け，受け身的に聴く」とは，一体どうしたらいいんだ，と思われている方もいるかもしれません。まるで，「見猿，聞か猿，言わ猿」（見ない，聞かない，言わない）になりなさいと言われているように感じる人もいるかもしれません。

構えない・準備しない

そうではないのです。私たちのこころが生きている以上は，何かの刺激がくるなら当然さまざまな反応を起こします。それはあってよいのです。そうではなくて，私たちが刺激に対して構えてしまう，防衛的に準備して打って出てしまう，それはやめましょうということです。そして，そのような構えや準備をしない，私たちの中に起こる自然な自生的な応答に身を任せましょうとのことなのです。

例を挙げるなら，クライエント/患者が何かを語っているときに，それを聴いている私たちがその話に耳を傾けながら，以前にその彼/彼女が語って私たちがよく覚えていることや，前日のスーパービジョンでのスーパーバイザーのコメントや最近読んだ著書の中にあった印象づけられた理論や考えに意図的に意識的に結びつけるようなことをやめることです。聴きながら私たちの頭の中で行っている，理解のためのこうした意識的な操作をやめるのです。記憶に残った発言やスーパーバイザーのコメントや印象深かった理論がこころにあったとしても，それらは一旦忘れてしまい，それらが自発的に私たちの中に浮かび上がってくることに身を委ねましょうということです。

私たちがさほど臨床経験を積んでいない時期には，私たちは面接の前に前回の面接記録を丹念に読み返したり，スーパーバイザーのコメントを思い起こして，これから始まる面接に臨むということを面接技法訓練の枠組みの中

で実践していると思います。あるいは，そのケースに関連がありそうなフロイトら先達の著作を読み返すとか重要な著作や論文に目を通すということをしているのかもしれません。この勤勉さは，私たちがまだ経験が少ないうちには学びの姿勢としてとても大事だと思います。経験の少ない内からこのような学びの姿勢を実践していない人には未来はないでしょう。とりわけ比較的長い期間に及ぶ継続的なスーパービジョンを受けていないのは致命的です。

　しかしながら，専門的に聴き，理解し，介入する力量を高めていった過程で，この方法を放棄するときが来るのです。その時期に取る姿勢がここに示されているものでしょう。それは，いつなのか。私はあなたを知らないので，それに直接の答えを出すことはできません。しかし専門領域に入って訓練を重ねたとして，5年や10年で到達するものではまったくないと思います。もっと多くの豊かな経験と厳しい鍛錬が必要だと思います。

神技，超越ではない

　ここで私はあえて述べたいのですが，このステップ⑤「①から④の聴き方を退け，受け身的に聴く」のひとつの表現である「記憶なく，欲望なく，理解なく」は，ややもすると神技的なものにとられやすいものです。しかしながら，私がここに述べている聴き方は，神の「超越」ではありません。普通の人が訓練によってなしうることです。

　いや，「超越」しようとしてはいけません。「超越」は人間技ではないものに言及していることです。人間技でないことが私たちにできるわけがありませんし，よしんばできたとしても，人を感知する力は超越すると失われてしまうでしょう。"過ぎたるは，なお及ばざるが如し"というのは，まさにこのことです。

　そもそも「超越」というのはメタファに過ぎず，その意味，虚語です。どんな途方もない職人芸も，訓練や修行，すなわち努力と精進によってなされているものです。そして，それは卓越したものになりますが，「超越」はしません。ですから，ここに必要なのは努力であり精進です。このとき自分の感性や感覚(フィーリング)を生かし，それらに気づき，じっくり考えて工夫していくことが，

私たちをより進展させるでしょう。
　どんなものでもそうですが，一日に0.005ミリの違いが生じているとしたなら，それはそのときには目に見えないし，何の違いも生じていないようでしょうが，それが1000日積み重なったなら，5ミリになります。その違いが見えるものになっています。あと1000日積み重なると，10ミリになります。10年間なら，18.25ミリになるでしょう。30年なら，54.75ミリの違いになります。これほどに量的に開くことで，質の違いに見えるものを産み出します。それはひとつのそのものに特異な形態，それ独自の独創的な形態をとって見えるかもしれません。こうした変化は「超越」ではなく，目標を持った努力が達成することなのです。

私たちは，揺れる/揺さぶられる
　また，こちらが臨床場面において大事なことですが，ここに述べている「あえて，自分を盲目にする」，「記憶なく，欲望なく，理解なく」という聴き方は，実際の面接場面においては，必ずと言ってよいほど，揺れる/揺さぶられるのです。人と人が出会うことは，それが明らかな形であろうと密やかなものであろうと，両者のこころに刺激を与えます。その刺激によって私たちは目を開いたり，何かを想起したり知ったりしてしまうのです。面接室での一対一の出会いはその端的なものです。揺さぶられるというのは，このことです。ただ，知っておいてよいことは，そのときのそのクライエント/患者間での独特な揺れ方・揺さぶられ方をしていることです。そこにこそ，その彼/彼女に独自の在り方が反映されているのです。つまり，揺れる/揺さぶられることを感知し，その事態を吟味することによって，私たちが彼/彼女のより深いこころの在り様を理解する機会が得られるのです。
　ですから，「あえて，自分を盲目にする」，「記憶なく，欲望なく，理解なく」との聴き方は，金科玉条の如くすべからく固守されるものではまったくありません。聴き取ることをやめ，受け身的に流し聴くこと，無注意の聴き方をしているからこそ，それが揺さぶられたときに感知できることがあるわけです。

4. もうひとつのヴィネット

ここでもうひとつ，私の経験した「記憶なく，欲望なく」に関わる，いささか滑稽なヴィネットを挙げましょう。

その日の朝は私にもそのアナライザンドにもとくに変わったことはなく，いつもの流れでそのセッションが始まり，アナライザンドはカウチに横たわりました。そしてそれとともに私も椅子に座ろうとする動作の最中，椅子の脇に置いているエアコン用のリモコンが私の目にとまりました。

その瞬間それが私に，すでに入れていたエアコンのスタート時間予約をそのセッションが始まる前に取り消しておかねばならないと思っていたことを思い起こさせました。そうです，私はすっかり忘れていたのです。昨夜私は，この朝のセッションのために部屋を暖めておこうと翌朝にエアコンがスタートする予約を入れて帰り，今朝は分析が始まる頃には部屋が暖かくなっていたのでした。ただ，この予約はこの日に消しておく必要がありました。なぜなら明日から連休なので，予約のままにしておくなら，明日の朝に暖房が入り不在の 2, 3 日その暖房が入ったままになるからです。

気づいた私は，手元のリモコンを操作してエアコンの予約を取り消したい欲望を抱きました。しかしすでに精神分析セッションは始まっており，もはやそれはできません。予約を即座に取り消すことはあきらめた私は，次には，このセッションが終わったときまで予約を取り消すことを忘れないようにしておきたい欲望に駆られました。私はこの強めの欲望を自覚しました。しかしこの欲望をこころの片隅に置き続けておくことは，私のこころの自由をかなり制約します。しかし忘れてしまうと，結局忘れたままになるかもしれないのです。この間一瞬の躊躇がありましたが，私はエアコンの件はいいから忘れておこうと決心しました。

この一連の思考を行った時間は 10 秒か 20 秒ほどであったでしょうか。そして私は，アナライザンドが語り始めている連想に耳を傾けていきました。セッションの初盤途中に私の中に 2, 3 度，エアコンのことが一瞬浮かびましたが，その後はすっかり忘れ，アナライザンドとの分析の中に入っていま

した。

　こうしてその分析セッションは終わりました。私はエアコンのことはすっかり忘れていました。それから分析記録を取り，少し時間を置いて次のセッションに入りました。

　なんとこのセッションでも始まってすぐに，エアコン予約を取り消していなかったことを私は思い出しました。"ああ，また忘れていた"と思い，今度こそはこのセッションの終わるまで取り消すことを覚えておきたい，という欲望が湧きました。これもまた，私は自覚しました。しかし覚えておくことが私のこころを拘束するのはやはり明白です。ですから，もう忘れておくことに私は決めました。これもごく短い間のこころの内でのできごとでした。そして私は忘れていました。そのセッションの間はまったくエアコンのことは思い出しませんでした。そしてやはり，そのアナライザンドとの分析関係に入っていました。

　そのセッションが終わりました。私は分析の記録に取りかかりました。ある程度書きつけ，ふっと一息ついたとき，頭にふいにエアコンの予約を取り消していないことが浮かびました。"ああ，そうだった"と私は思い，その予約を取り消しました。

無　心

　ステップ①から④を退けた無注意の聴き方は，"無心"になって聴くという表現で，何かわかる気がするのではないでしょうか。無心が，こころがない，つまり自分という存在の軸がないとの意味ではないことは日本人なら，皆知っていることです。その意味のことは，「自分がない」と私たちは言います。

　端的に言うなら，無心とは，何も考えたり思ったりしないことです。その考えたり思ったりするものが何かというと，それらは煩悩を引き起こすものですから，すなわち，欲望，記憶，理解というビオンが指摘しているものが該当します。"心垢"，つまりこころの垢のことですが，この心垢をすっかり落としたこころが無心なのです。

もう一つの表現を使うなら，無心とは，自分を空にすることです。空にしておくと，なすべきことが向うからやってきます。「何かが消えると何かが生じる」というプロセス」（西平直 2014）に身を任せることになります。ここにある受動性の極致を道元は，「柔軟心」と呼んだとのことですが，柔軟ということばは何か違う感じがします。

この聴き方 ステップ⑤「①から④の聴き方を退けた無注意の聴き方」においては，私たちは無心的主体になることを目指すことになります。それは西平の表現を使うなら，〈徹底した自己否定〉と〈ありのままの自己肯定〉の対立と緊張をそのまま生きていくことです。

訓　練

西平が，そして前田重治が『「芸」に学ぶ心理面接法』（1999）で引用している世阿弥の『風姿花伝』には，無心は稽古なしには到達しないと書かれています。しかし，単純に稽古を続ければ到達するのではありません。稽古の中身が消えたところに成り立つというのです。これは，前田が指摘するように，心理面接，ひいては精神分析的面接にもあてはまります。なかでも，すでに述べていることからおわかりのように，このステップ⑤にそのまま当てはまるようです。

この段階での面接者としての進歩のための訓練は，自分で自分に課す訓練として実行していくものです。誰からもそのハウトゥを習うことができません。自ら学ぶものです。自ら道を探し，そこに足を踏み入れ，倒れながらも歩み続けるものでしょう。それが，こころの臨床の専門家であるとのことだと思います。

私自身，若い頃には精神分析的リスニングは，スーパービジョンや訓練分析を受け続けているとその内身に着いてくるものだとどこかで思っていました。しかし，クライエント/患者との精神分析的臨床経験はそれを重ねるほどに，そのような甘いものではないことをいつも私に思い知らせました。自分が聴けていないこと，理解できていないこと，言語化できていないこと，伝えられていないこと等を今更ながらに気がつくばかりでした。今も，分析

セッションの終わるたびに気づきます。そして，そのクライエント/患者との間はその彼/彼女と私の2人しか感知することも経験することもできないものであることがわかってきました。また，その2人のその分析セッションはそのときにしか体験されないものであることも感じるようになってきました。繰り返し会っているからこそ，そして終わりがいずれ立ち現われてくるものだからこそ，そこに「一期一会」と言われる感覚が実感されるのです。私たちは，聴くことの難しさから，目の前のクライエント/患者から，学び続けるしかないのです。それしかないのですが，その貴重な機会を私たちは持っています。

5. パースペクティヴの変換
——クライエント/患者のこころの世界内に住んで聴く

ステップ⑤「ステップ①から④の聴き方を退け，受け身的に聴く」を述べてきましたが，実はそこには耳を傾けている面接者の在り方の大きな変換がともなっています。それをパースペクティヴ/眺望というところから，述べることにします。

2つのパースペクティヴ

精神分析的リスニングを実行するときには，私たちは聴くことに関する既得の認識を変えることになります。それを私は，「パースペクティヴの変換」と呼んでいます。すなわち私たちが位置している視聴の座が移動することで，そこに開けるパースペクティヴが変わることです。

外から聴いていること

まず，これまで私たちがどのような視聴の座にいたのかを振り返ってみましょう。

私たちがこころを理解しようと支持的共感的に耳を傾けているときには，私たちは目の前に実在するクライエント/患者が語ることを，もう一方に実

在する私たちが聴くという，相対する位置づけに私たちはいたのではないかと思います。確かにそれは外界でのそのままの事実です。面接室では，その室内にクライエント/患者と私たちの2人が実際にいます。ゆえに，クライ・エント/患者の外で私たちは耳を傾けています。私たちは，外からそのクライエント/患者を眺望しています。

　そのように外の位置から耳を傾けながら，クライエント/患者の思いに自分を入れる，あるいは，クライエント/患者の思いを自分の思いに重ねる，すなわち投影性やとり入れ性の一体化もするのです。すでに私が，二者間での線ベクトル的往復（⇆）のようなこころの働き方と言ったことです。わかりやすく言うなら，そこにおいて私たちは，意識では——それを意識しているか，意識していないかは別として——，彼らを外の対象として眺めながら聴いています。

　この関係性はあまりに当たり前なので，これまで意識することもなかった方も多いのかもしれません。この視聴の座に位置していることは，「我思う故，我あり」ではありませんが，私たちが主体であることの証であり，そこでは我思う我が，主体として他者の世界を体験しているのです。

　ここで述べていくことは，その在り方を否定するものではありません。そうではなく，その座は確実に確保されていなければなりません。この視聴の座を失くしてしまうなら，それこそ何の疑問もなく日常生活で気にもせずに当たり前のことと感じ受け止めていた多くの事物がまったくとらえどころのないものになってしまうという"自明性の喪失"と呼ばれる精神病性のこころの解体・崩壊の事態に至ってしまいかねません。しかし，精神分析的リスニングでは，もうひとつの重要なパースペクティヴも尊重する必要が大いにあるのです。

もう一つのパースペクティヴ——主観的世界の中で聴くこと

　そこで，もうひとつの視聴の座からのパースペクティヴです。

　それは，聴き手としての私たちは，そのクライエント/患者にとっては彼らに出会ったところで，**すでに彼/彼女の主観的世界の中に置かれている**，

ある位置に定位されているとのことです。つまり，客観的には，彼らは外界の私たちに話しかけています。それは疑いのないことですが，それが本人に意識されていようといまい——ほとんどの場合，彼ら自身，外界の私たちに話しかけていると思っています——と，彼らの無意識的な主観的体験としては，彼らは自身のこころの中の特定の対象／人物としての私たちに話しかけてもいるのです。

　ゆえに，もう一つのパースペクティヴとは，クライエント/患者の主観的世界の中の視座／聴座からのパースペクティヴです。

　今一つわかりにくく感じられるかもしれませんが，その2人の間には，次のことが実際に発生しています。彼らが私たちに話しながら，こころのどこかで——実際本人が意識していようと無意識であろうと——，私たちのやり取り，つまりその彼らや聴いている私たちの態度や考え，感情といった反応を具体的に思い描いている，正確に言えば，空想しているのです。しかしそれを意識することがあるときには大抵当人は，現実的に予測していると考えていることです。

　例を挙げてみます。

　　　私との精神分析的面接の中で，ある男性クライエントは，最初に今日は私が忙しそうで余裕がなく彼との面接に気持ちが向いていないように感じると手短に言った後，次のエピソードを語りました。「2日前でしたが，私はときどきひどく肩が凝るので，いつもの整体に行ったんです。その整体院は営業が7時に終わるので，仕事場から急ぎ，終業時間の5分前にようやく着きました。なんとか間に合ったと思ってほっとしていたら，出てきた営業主のもう年配の男性整体師は「今日は，もう終わりです」とぶっきらぼうに言った後，私を無視してさっさと店じまいを始めました。私は「ええ，何で」って，あっけに取られていました。すると，受付をしている奥さんも「ここには，仕事を休んできている人もいます」と言ってきました。私はしかたがないから帰ることにしたけど，帰り道で無視されたことにものすごく腹が立って。私は長年通っている

のに……。あの整体師はもう年なので別の整体師を見つけようと思うけれど，次の整体師を見つけるまではここに通うしかない」。

　それまでの分析の展開も踏まえると，このクライエントが語っている「もう年配の整体師」は，精神分析という施術を彼に施している私であることは明らかでした。彼の内的世界での私は，それなりの腕前はあるも，自分自身の都合を優先させ彼をないがしろに扱っている人物として体験されています。

　整体師とのこのエピソードを彼は私に語っていますが，私は彼の話に耳を傾けている私であるだけではなく，この整体師同様，今のこの面接での私は，彼にとっては彼との面接をさっさと切り上げて終わろうと思っている私でした。彼のこの体験を私が感知できたのは，私が私自身をクライエント/患者の主観的世界の中に位置づけ，そこから感じ，その老いた整体師の位置から眺望していたからです。この視聴の座からのパースペクティヴから得た理解に基づいた解釈を私が彼にしたところ，彼は肯定し，私と整体師を重ねていることが当然であるかのように，彼は私の無関心さを語っていきました。

　この背景には，老いた整体師も実は彼をぞんざいに扱う彼の内的母親を重ねられているのであり，彼はその内的母親とのやり取りを私たちとの間で現実化しているとの事態が実はあるのです。それが，彼の無意識的な主観的体験なのです。無意識の集合 unconscious set（Matte-Blanco, I.）の働きによって，彼のこころの中では，私＝整体師＝母親なのです。ですから私たちは，整体師の位置と重ねて，彼の内的世界の内的母親が彼に体験されていそうなその位置にも私たちを置くこともこころしている必要があります。

　面接場面でのこうした事態は，クライエント/患者のこころの内界に出生後からの今日に至るまでの生活経験を通して蓄積されている内的な諸対象——例示するなら，乳幼児期のあるときの母親，幼稚園時代のあるときの父親，小学校時代の男の先生，職場でのある上司など——からの特定の反応——たとえば，この話にこの人［聴いている私たち］は怒り出す，軽蔑する，あきれる，わかってくれる等——に基づいてクライエント/患者が思うところと

なっているのです。

　これは概念を使って述べれば，過去に蓄積された無意識の記憶に基づく予想と言うことになるのかもしれませんが，実際のこころの体験の仕方は，述べてきているように，まったく具体的なものなのです。そして，その水準で，聴いている私たちは，クライエント/患者のこころの世界のある対象に重ねられている，位置づけられているのです。ゆえに，もう一つのパースペクティヴである，クライエント/患者の主観的世界の中からのパースペクティヴができるのです。

　ところで，ここまで述べている事態は，精神分析で"**転移**"と概念化されている事態です。それを精神分析の用語を使っていうなら，「クライエント/患者によって，面接場面に投影同一化された彼/彼女の内的世界（**転移空間**）の中に私たちは身を置くことになっている」とのことです。

　つまり，精神分析的面接において，私たちはクライエント/患者の主観的世界の中にいるのです。私たちは，クライエントが主体的に生きている時間の流れる内的空間世界に住む対象として扱われているということです。これをたとえて言うなら，クライエント/患者が監督し主演する映画ストーリーやテレビドラマの（おそらく重要な）ひとりの登場人物になされていることなのです。私たちはその監督の思うように役づけされ，語り振る舞うことを求められます（この転移空間の中に私たち面接者が置かれることは，実はあらゆる面接で発生していますが，面接者によって現実的な関係としてしか見られ対応されないために，その事実が浮かび上がらないことに過ぎません）。

　ここまで読まれて，これは，置かれているこの状況に面接の最中に突然気がつき，戦慄の恐怖に襲われるほどの，面接者が主体性を剥奪されている大変な事態だと思われている方もおられるかもしれません。それはその通りなのですが，私たちの専門的な職務としてのそのクライエント/患者のこころを理解するということにおいては，この位置にいることは得難い大変貴重なことです。

　なぜなら，私たちが理解しようとしている彼/彼女のこころの世界を私たちが，そこでの対象として（ときには，彼らの自己として），体験できてい

ることだからです。これほど実感を伴う理解が得られる機会はどこにもないでしょう。ですから私たちには，この位置を生かす聴き方が求められます。

しかしながら，ここにも難しい問題があります。それは，その位置に留まり続けるだけなら，それはそのクライエント/患者がもともと持つ世界の物語のそのままの反復につきあうだけになってしまいますので，その好ましい変形に寄与する働きをすることが面接者としての私たちに求められているものでもあります。しかし，このことは今の主題から外れるところなので，ここでは言及しません。

私が新たに持ち出したパースペクティヴが気づかせてくれる，面接場面で必然的に発生しているこの現象をもう少し見てみたいと思います。

6. 転移——クライエント/患者によって面接室全体に投影同一化されるこころの世界

ここで，ひとつの調整に入りたいと思います。

ここまで読んでこられた方が抱いてきた"転移"という概念と，私が"転移"として記載していることの違いです。その違いを明確にしておこうということです。なぜなら，この"転移"をどのようにとらえているのかが，精神分析的リスニングの達成に大きくかかわってしまうからです。

転移についての既成の理解

読者の多くの方は"転移"を，フロイトが述べたように「分析の圧力によって引き起こされた意識にもたらされる興奮や空想の新版と複写である」（1905）と，あるいは，グリーンソンが述べたように「目の前のある人物に無意識に置換された早期小児期の重要人物にまつわって発生している反応の反復であり，それにはふさわしくないその人物への感情，欲動，態度，空想，防衛を体験していることである」（1967）と，認識されているのかもしれません。

これらの"転移"概念は決して間違いではありません。しかし，その一

部が描かれているにすぎません。転移が面接者との直接の関係に限局されていますが，そうなのでしょうか。それにこれらの転移描写は，クライエント/患者が過去の感情や空想や態度を現在の関係に持ち込んでいるという，転移が一面ではその人の**過去の反復**にすぎない，固定化した過去の遺物の現在の関係への持ち込みという印象をもたらします。さらにもう一面では，その人が勝手に一方的に転移しているという，二者関係の相互作用よりも**一者の心的活動**にすぎないとの印象ももたらします。その結果，安直に「（ここに生じているのは）転移にすぎない」，「転移だから」と突き放してとらえてしまうため，その臨床的な意義が軽視されてしまう恐れが多分にあります。

精神分析的面接場面に生きる転移の理解

　しかし，フロイトは次のようにも言っています。「過去の精神的な体験すべてはけっして過去に属するものになるのではなく，医師という人間との現実的な関係として再び活動し始める」。これを短く言い換えると，〈過去の精神的な体験すべてが面接者との現実的な関係になる〉と表現できます。フロイトは，転移は現実の関係である，と言っているのです。そして「過去の精神的な体験すべて」ということで何を言っているのでしょうか。ここが大変重要なところです。

　そこで"過去の精神的な体験すべて"を理解したいと思います。

　私たちは目の前に起こった出来事を，それが何——この場合は，面接の場で特定の誰かと出会うことですが——であろうと，わかろうとします。そもそもそれは——たとえば，昨日の自分がしたように，今日もいつもしているように職場や学校に行くとしても——今日の自分というのは新しい自分であり，その自分には新しいことのはずです。しかしながらその新しい自分と新しいことが何の変哲もない馴染みのあるものとして対処されるのなら，意識されていようといまいとそこには，一連の感情，思考，空想，記憶，欲望が想起されており，新しい自分はそれに頼って馴染みあるものとして過ごしているのでしょう。

　これらの一連の感情，思考，空想，記憶，欲望は，有機的にまとまった

ひとつの形状 configuration を造っています。形をなしていることで想起しやすくなり，今出会っている出来事に対処できるからです。このひとつの形状(コンフィギュレーション)が洗練されたものが，たとえば「信念」，「予想」，「人生観」，「人間観」，「世界観」と呼ばれます。ちなみに「占い」や「お告げ」とは，この形状(コンフィギュレーション)が他者から与えられることでその形状(コンフィギュレーション)への疑念や自らの責任を払拭する方法です。この場合でも私たちは，そのように洗練されていない原初的で具体的な形状(コンフィギュレーション)もすでに持っています。これらの形状(コンフィギュレーション)とは，すでに述べてきた内的世界，こころの世界の一様態であり，そこでの内的諸対象と諸自己の交流のひとつの様態なのです。すなわち，もうおわかりのように，"過去の精神的な体験すべて"とは，内的世界の活動として現在においても私たちが保持しているものなのです。

外界とは隔離された面接の場が，私たちが2人だけで繰り返し会うとともに感情の表出が許容されている場でもあるとき，現象的な事実として，クライエント/患者のこころは退行していきます。つまり，より心的発達早期の原初的な活動水準に向かいます。こうして具体的な様相を呈する内的世界は密やかに浮上してくるのです。そしてその世界は音もなく面接の場にそのまま持ち出されます。それが"転移"です。つまり，内的世界が面接室内という外界に投影される，外界は内界に染まるのです。事実に近い表現としては，おそらく，「外界に内界が染み透る」という表現がより適切なのかもしれません。この転移を成就するこころの働きが，投影を使った同一化，すなわち"投影同一化"なのです。

ここまでの説明で，"転移"の自然な発動によって，私たちは実際のところそのクライエント/患者の内的世界にいる，との私の見解が理解されたであろうことを期待します。

このように面接場面においてクライエント/患者の語るところを聴き続けることは，クライエントが持ち込む内的世界の中に，転移の中に生きることに必然的になっているのです。同じ面接室で同じ面接者が繰り返し会い続けることは，まさにその事態を純粋に保存する環境を提供しているのです。そ

して、それはビオンが言うように、情緒の嵐に入り込むことですから、面接所者のこころには強い不快感や苦痛も発生します。ですから、その不快感ゆえに転移に基づく交流をまるでなかったこと——見ない、言わない、聴かない、感じないこと——にしてしまい、自らの姿勢や手技を押し通す面接者も実際には少なくありません。気がつかないことにしている方が、気持ちは楽なのです——なんと強力な防衛でしょう。

　しかしながら、私たちがこころの臨床家であるのなら、そうはいきません。私たちに求められるのは、気づかないようにしている一方でしたり顔で接する態度ではなく、転移を通してまさに生(なま)に表されているクライエント/患者の生きづらさの実体を、実感をもって理解することです。すなわち、面接空間に現実化しているその投影を受けいれるとともに、それを感知し、考えることです。それは、クライエントの**こころの世界に居て、その世界に出会う**ことです。

7. 転移の中での聴くこと

身を控えて受動的に聴き、感知する

　クライエントのこころ/パーソナリティが表わし出してくるものを感知する聴き方は、その面接場面においてクライエント/患者がそこに持ち込む、言語的非言語的なあらゆるものを、私たちが受動的にそのまま受け入れ体験していることから始まります。精神分析用語の一つを使うなら、「コンテイニング（包み込むこと）」の作業です。ちなみに、このコンテイニングの際に彼/彼女が、彼らのこころの中の不快なものを私たちに向かって押し入れている、排泄しているという、より特異な感覚を味わいながら私たちが取ることになる役割をメルツァーは「トイレとしての乳房 toilet breast」と表現しました。つまり、精神分析的面接においては私たちは、ポジティヴなものもネガティヴなものもそのまま受け取ると同時に、その彼/彼女の主観的世界の中にどんな対象として置かれている、位置づけられている——この場合の対象は、彼/彼女の不快なものを処理する内的母親ですが——のかを認識

し，その視座/聴座から，2人に起こっていることを眺望するのです。

　さて，私たちがそのクライエント/患者に出会い続けていることによって，彼/彼女は彼らのこころの世界を徐々に，あるいは急速に面接場面に浸透させます。それは，面接空間を彼らのこころの世界そのものの空間にしていく，と言うこともできるでしょう。そして，そこに私たちを，前述したトイレとしての乳房のように，特異的に位置づけるようになります。

　これは，転移による必然です。たとえば，ある人は，私たちはその彼/彼女のすべてをわかってくれるし，私たちを取り巻く環境も理想的に整っているという素晴らしい世界の素晴らしい理想の人物であるかのように，私たちに関わってくるかもしれません。また，別のクライエントは，私たち自身だけでなく働く施設や同僚を馬鹿にして軽蔑のことばを発してくるかもしれません。あるいは，私たちがそのクライエント/患者の亡くなった娘であるかのように話しかけ，プレゼントを持参して私たちの身繕いや身辺を亡き娘と同じようにさせて私たちにかかわろうとする人かもしれません。ここにおいて，私たちは無意識に彼らの思い描く世界に生きているようにされ，特定の誰かのように扱われ，彼らのこころの世界の住人とされています。そこで彼らは無意識裡に私たちを，その住人その人として感じ考え，その通りに語り振る舞わせようとしていきます。

　換言するなら，私たちを収めている面接空間に，その彼/彼女はその人のこころの世界の諸々を，そのまま投影同一化しているのです。この全体的な投影同一化によって，転移の現象は，面接空間内のすべて，すなわちそのクライエント/患者自身から，部屋の備品や空気から，そして私たちの中に表れるのです。ひとつの例を挙げましょう。

例
[その1]

　　出会い始めたその女性はいつも身だしなみを整え，私に向かって改まってとてもていねいに挨拶して，毎回の面接を始めるのでした。それは私の中に，敬意を払われているという満足を越えて，そのていねいさに

呼応する，分別を十分わきまえたよりていねいな対応を私が取ることを暗に求められているように感じ，私自身も服装をきちんと整えて迎えるように心がけねばならないようだという，窮屈な感覚を覚えさせるもの（フィーリング）でした。

　そのていねいさは面接中も維持されましたが，面接の終了時のあいさつも同様でした。しかし違ったのは，玄関の戸を閉める瞬間の彼女の表情に，一瞬ですがこわばった恐怖感と表現できそうなものが浮かび上がっているところでした。

　面接の中では，彼女は静かで簡素な部屋が気に入っているとともに私との間が安心で満足していることを，喜びとともに繰り返し語っていきました。それには，"面接室の設備を扱わないでこのままにしておくのですよ"，また"この安心を壊すようなことを私がすることはないと思っているんですから，それはわかっていますね"とでも言語化できそうな，私を圧迫してくる空気が確かに添えられていました。部屋の備品の扱いを含めて，その空気をかき乱すことを私はしてはならないと縛られている感覚を感じました。その一方で，彼女は彼女を縛り支配してきた人たちについて話していきました。それは，"奴隷化"されているという表現がそのままあてはまる強烈な支配 - 服従の関係でした。

　その話をそのまま耳を傾けながら，私はもの想いに入っていました。

　もの想いに現れてくるものは，彼女の語る世界についての空想でした。さまざまな人たちによって彼女が，さまざまな形で奴隷化されている様子が，彼女の語りに従って私の中で視覚化されました。あるときは年配女性に厳しく叱責され，言われるままに彼女は隅々までほこりにまみれた部屋の片づけをひとりでしたのでした。別のときには，食べ残された食品が乱雑に散らかっている狭くて暗い部屋の中である男性から威嚇的に支配され，罵られながらも性的行為を強要されました。それは陰鬱な空気の中での相当に破壊的で倒錯的な悲劇であり，ある種の興奮とともに，無力で陰惨な気分も私の中に湧いてきました。冷たい静寂の中で残忍さに興奮し搾取に満足している攻撃的な対象と無力で無残な彼女

の関係が浮かびました。

　別のものも現れました。今の私と彼女の関係がとても穏やかで，なごんでいるとも表現できる平穏なものとして感じられていることでした。彼女の語ることから感じられる関係性——奴隷と残忍な支配者——と，今私たちが経験している関係が対照的であることに，もの想いの中の私の連想は向かいました。あまりに対照的でした。そう，簡素で静かな面接室という現実のこの分析の場で私は，真逆の理想的な対象として彼女といるのでした［理想的な対象の投影同一化］。だから私は理想的な人なのでした［彼女の理想的な世界の投影同一化］。

次に，この体験をそのまま味わい，考える

　ですから，その面接の場でクライエント/患者が語り表すものを回避したり防衛したりせずにそのまま感受し，そのときに私たち自身の中に浮かび上がってくる思いや考え，空想もそのまま味わい続けておくことから，その人のこころの世界の在りようとその世界に置かれている私たちの視座にたどり着くことがもたらされます。それは，その受動的な体験を通して彼らのこころに出会っていることなのですが，この体験はクライエント/患者のこころの中からのパースペクティヴをもたらします。それが翻っては，こころの世界をその内側から理解させてくれます。

　前述した例をそのまま続けてみましょう。

［その2］

　それは，今の私たちの世界，私と彼女の関係がとても穏やかで，なごんでいるとも表現できる平穏なものとして感じられていることでした。簡素な面接室は，彼女にとってまさに理想の世界になっているようでした。だから私は彼女の理想的な世界の理想的な人なのでした。

　しかしながら，そこから彼女といる私の感覚にある窮屈さも浮かび上がってきました。私が感じるにこの窮屈さは，私は彼女の求める理想的

な人にあてはまっていないといけないという境遇に置かれていることからなのでした。やがて私は，もしも私がそれをやめてしまうなら，一挙に彼女をみじめで哀れな姿に陥れ，私は彼女を奴隷のように扱う残忍で攻撃的な支配者になると規定されているかのように感じてしまっているとのことに気がつきました。いささか陰鬱な気分と無力感が私の中に感じられました。

　さて，これは何なのか，と私は思いました。しばらくしてわかってきたのは，私は彼女に支配されているとのことでした。決して表面的には残忍でも攻撃的でもないのですが，ここには〈支配する‐支配される〉という関係があると私は感じました。

　そこでは，私が，支配されている無残な彼女自身でした［彼女の自己の投影同一化］。私に湧いた無力で陰鬱な気分は，その世界で彼女が体験している気分なのでした［彼女の思いの投影同一化］。

　そうであるのですから，私が彼女の語りから夢想した支配的な世界は，面接室の私たちの間にまさに現実化しているのでした［彼女の支配的な世界の投影同一化］。ただし，それはいわゆる"逆転"の機制を伴っていました。述べてきたように，彼女こそが支配する対象そのものであり，私が支配される彼女の自己でした。

　私は，"彼女の中の分割されたふたつのこころの世界に私が住んでいるのだ"，と思い至りました。ひとつは，残忍に破壊的で支配的な世界であり，もうひとつは，平穏で愛情のある世界です。それから，私に思い浮かんだのは，玄関を出るときの彼女の怯えた表情でした。"あの表情は，面接の間は遠ざけられている，残忍で支配的な世界が表出することへの怯えなのだ"と私は思いました。退出寸前のあの怯えた表情の彼女と玄関で向かい合っている私は，まさに攻撃性を突出させて残忍に支配しようとしている私と，彼女には体験されているのだろうと考えました。

表6 投影同一化/転移を受け入れ，そこに生きる

転移をもたらしている投影同一化に気づかないと，クライエント/患者にこころの世界の誰かとして扱われ，私たちも誰かのようにふるまってしまう

　⇒　クライエント/患者の内的物語りの強迫的な反復

その投影を受け容れるとともに，転移に気づき，考えることは，クライエントのこころの世界に出会うこと

問いの発見：「今，このクライエントにとって，この私は誰なのか，何なのか？」

転移を生きながら，聴いていること

このような聴き方をしていくことで，私たちはクライエント/患者のこころの世界の転移/投影同一化をただ受動的に体験するのではなく，転移されている世界を生きることを始めるのです。その世界に――あるときは，投影されている内的対象として，別のときには，投影されているクライエントの自己として，また，どちらでもない自分として――生きていきながら，耳を傾けるのです。

前述の例をさらに続けます。

［その3］

彼女との今の分析状況の空気そのものは，私にとって心地よいものであることは確かでした。彼女に支配されていれば，すなわち投影同一化に合わせて転移された理想的な対象としてふるまうなら，私はこの心地よさを味わい続けることができます。平和な分析の空間と時間を持つことができるのです。それは，魅力的で誘惑的な心地よさに浸れるとい

う，快感原則を満たしくれるものでした。それは，彼女が望む理想の二者関係の成就であり，理想の世界の維持です。彼女が幼い頃には充足していたでしょうが，失ったものです。その喪失ゆえに，求めては搾取され，傷つけられてきた彼女に，失ったよいものを私は与え続けることができます，私こそが彼女に幸せを与えられるというちょっとした英雄的な達成がなされるという満足が私の側にも得られるようでした。不幸なプリンセスを救う王子様になり，ふたりは「末永く幸せに暮らしました」……。

　ところで，私はいつのまにか思いめぐらしてもいました。"これは精神分析であり，彼女は彼女の困難を取り扱うために私を求めてきたのだ"と。そして，幼い頃にこうした心地よさを失わないために，彼女は他者の投影の中にとどまる窮屈さを我慢したのだろう，ちょうど今私が英雄的王子様になるためにそうすることを空想したように，とも考えました。それにすでに気がついていたように，表面化してない彼女のもうひとつの世界こそが，彼女に多大な困難さをもたらす破壊や支配が明瞭に活動しているところなのです。私は，その世界こそを彼女と見ていく作業に着手しようと考え始めながら，彼女の話に耳を傾けつづけました。

　この聴き方は，私たち自身の感情や思考が揺さぶられる体験をもたらす聴き方です。しかしながら，ただ揺さぶられるという受動的な体験ではありません，そこに感知されているものから連想を広げ，考えを自由にめぐらせ，新たな視座からふたりの関係を眺望するという能動性も生まれてくるものです。この点が，重要なポイントなのです。精神分析という方法にある能動性は，解釈等のことばを発することにあるだけではありません。むしろ，ここに述べている聴き方の能動性にこそ，精神分析の方法の本質があるのです。
　これが，ただ受け身的に聴いているだけならどうなるのでしょうか。
　それは，転移されているこころの中の世界を支配している強迫的な反復作用の力——それは，陰惨な，あるいは絶望的だったり躁的だったりする運命的物語りの形をとって現れます——に圧倒されることになります。圧倒され

て，耐えられなくなってしまうのです。

　このとき私たちは，強引な介入――彼/彼女の発言を遮ることや現実の自分を見せるという自己開示，迎合，行動化（何かのものを与える・受け取る，面接頻度を変える，終結・中断する，感情を露わにする等）――に訴えてしまいます。私たちの能動性を，クライエントが持ち出している心的世界に収まりつつかつ自律的なものとして発揮するのではなく，投影同一化を遮断したり排除するための，広い意味での行為として発揮してしまいます。それはすなわち，投影状況，転移状況から抜け出ようとすることであり，彼らのこころを理解する機会を私たちから放棄することなのです。そして，この行為もまた，彼らの世界での役割を演じていることなのです。

　ビオンが，「患者から馬鹿にされることを許せない分析家には大きな問題がある」というのは，このことなのです。ここに，理解できないことに持ちこたえておくという「負の能力 negative capability」が求められます。精神分析的な臨床家にとって重要な負の能力については，後に触れたいと思います。

　精神分析的リスニングでの聴き方 ステップ⑤「①から④の聴き方を退け，受け身的に聴く」に戻りましょう。

　少しまとめてみます。

　このような聴き方については，すでに「方向づけなしに聴く」という表現を使用しました。別の捉え方から述べるなら，面接空間でのさまざまな立ち位置に自在に身を置いて，それらの視座から耳を傾けることになる聴き方です。それは新たなパースペクティヴとして，クライエント/患者によって面接室内に投影されているこころの世界での，さまざまな対象や複数の自己の立場から聴いていきます。そしてそれだけではなく，投影を受けているもともとの自分の立場から聴くことができる聴き方でしょう。また，この自在さによって，私たち自身の内なる声にも耳を傾けやすくなるでしょう。整理して書いてみます。

　ステップ⑤「ステップ①から④の聴き方を退け，受け身的に聴く聴き方」

は，自在な聴き方です。すなわち，

1) 外界（面接室内に現存する）クライエント/患者の立場で聴く
　　　＋
2) 転移世界でのクライエント/患者（の自己）の立場から聴く
　　　＋
3) 転移されている対象の立場から聴く
　　　＋
4) 対象と自己の両者を俯瞰する元の自分として聴く
　　　＋
5) 自分の内なる声を聴く。

　ここまで，聴き方 ステップ⑤「①から④の聴き方を退ける聴き方」，すなわち，身を控えて，方向づけなしに聴く無注意の聴き方について述べてきました。それを，聴き取ることをやめ，流し聴くとも表現しました。また先達の表現を借りれば，「あえて，自分を盲目にする」，「記憶なく，欲望なく，理解なく」，「無心に」聴く聴き方でした。また，この聴き方は——転移や投影同一化という概念が持ち込まれましたが——私たちの視座/聴座をクライエント/患者のこころの世界の中に移し，そこから眺望することを可能にするものでした。
　さて，そこで次のステップに進みましょう。そうです。次のステップがあるのです。それは，いわば「無注意の注意」（前田 1999）です。

第9章　聴き方 ステップ⑥
　　　　平等に漂う注意をもって聴く

1. 方　法
　　──「あえて，自分を盲目にする」から「平等に万遍なく漂う注意」へ

気持ちを宙に浮かし漂わせた聴き方──無注意の注意をもって聴く

　精神分析的面接において私たちは，これまで述べてきた位置から聴くようにしますし，その基本的な姿勢は受動的であるのですが，クライエント/患者の外部から聴き，かつ内部からも聴くという，聴座/視座を漂わせる，揺蕩わせる聴き方をします。しかし同時に，それは必要なときには能動的にもなりうるものなのです。それを，「無注意の注意」を向けた聴き方とここでは呼んでいます。

　それではそれは，実際どのような聴き方なのでしょうか。

　フロイトはその聴き方を，「平等に万遍なく漂う注意をもって聴く」と述べています。"平等に万遍なく漂う注意"，ドイツ語では gleichschwebende Aufmerksamkeit，英語では Evenly Suspended Attention と著されています。それと表現は極めて対照ですが，同じ志向性を持つ聴き方を逆方向のベクトルで表している表現が，「無注意の注意をもって聴く」という前田重治の表現です。すなわち，ここに表現されている聴き方は，注意を意図的にどこかに注いで能動的に聴くのではなく，すっかり宙に浮かしておく聴き方です。語られることに注意を向けて入り込む聴き方ではなく，そのこころ/パーソナリティが表わし出してくるものを注意することなく感知しようとする聴き

第9章 聴き方 ステップ⑥ 平等に漂う注意をもって聴く　129

方といってよいでしょう。この宙に浮かせるその前段階が，聴き方 ステップ⑤「ステップ①から④の聴き方を退け，受け身的に聴く聴き方」だったのです。そして受け身的で方向づけのない聴き方から，揺蕩わせる，宙に浮かせる聴き方へと向かうのです。

　しかし，それではわかったような，わからないようなことを聴かされていると感じられている方も多いのではないかと思います。

　ここでフロイト自身（1912）による，この聴き方についての解説に耳を傾けてみましょう。

> 「分析家は，患者の提供する無意識に対して，自分自身の無意識を受容器官として差し向け，話し手に対する電話の受話器のような役割を果さなければならない。受話器が音波によって，電線上に生じた電流の振動をふたたび音波に変化させるように，分析家の無意識は自分に報告された患者の無意識の派生物から，患者が思い浮かべたことがら（連想）を決定している無意識そのものを再構成する」。

　ここでフロイトが「患者の提供する無意識」と表現しているところを，その実態をよりダイナミックに表現する，"患者によって面接室内に投影同一化されている，クライエント/患者のこころの世界の自己や対象の相互交流"に置き換えてみるなら，フロイトが著していることが幾らかわかりやすくなるのかもしれません。電話交信の例えを，フロイトの言う「患者の無意識の派生物」を自然な形で感知し，理解していく方法として述べています。そのときそれは，私たちの無意識によって感知されるのです。

　ここが重要なところです。患者/クライエントの無意識は，私たちの意識によってではなく，無意識によって感知されるのです。つまり，私たちが能動的に聴くという意識的な聴き方で対応しているときには，患者/クライエントの無意識は私たちには受け取られていないか，受け取られているとしても，そこに私たちが注意を向けることは大変難しいものになっています。そこで，私たちは聴き方 ステップ⑤のように，まず自らを受身的で無注意に，

表7 聴き方 ステップ⑥ 平等に漂う注意をもって聴く

> 平等に万遍なく漂う注意　Freud, S.
>
> 無注意の注意　前田重治
>
> 意図してではなく，必要に応じて，これまでに獲得した聴き方が自主的に働くように準備する（聴き方の順を放棄する）：気持ちを宙に浮かし漂わせた聴き方

無心に，「あえて，盲目に」しておくのです。

　フロイトの解説に戻りますと，分析家の無意識による感知は，「無意識そのものを再構成する」と言うように，無意識のこころ世界を把握するものなのです。ここに"注意"が入り込むと考えてよいでしょう。

　ところで，この聴き方についてのフロイトの別の記述を見ると，「ただ，何事にも特別な注意を向けず，耳にしている一切に対して，私が一度述べたような『差別なく平等に漂う注意』を向ける」とも書いています。この文章の中でフロイトは，「私が一度述べたような」という形容を付けていますが，これは，ハンス症例（「ある五歳男児の恐怖症分析」1909）の中の記述，「今しばらく判断することを差し止め，観察されるであろうものすべてに私たちの偏りのない注意を向けてみよう」を指しています。また1912年論文での表現は同じ論文の少し後で言い換えられ，「話されるすべてのことに対して差別なく注意を向けよ」と表わされています。

　差別なく平等に漂う，偏りのない，差別のないと表現は微妙に異なりながらも，フロイトはこの聴き方こそが精神分析での聴き方であると判断し，それは生涯変わりませんでした。

2. 無注意の注意をもって聴くこころの在り様

さて、それでは、「平等に万遍なく漂う注意をもって聴く」、「無注意の注意でもって聴く」を実践するための私たちのこころの宙に浮いて漂う在り様はどのように言えるのでしょうか。クライエント/患者の無意識を私たちの無意識によって感知するための聴き方を実行する聴き方の背景にあるこころはどのようにあるのでしょうか。

もの想い reverie

それは、ビオンによって提示されました。「もの想い reverie」です。私たちは、もの想いのこころで聴くのです。それは、「目覚めていながら夢見るこころ wake up dreaming」とも言い換えられます。

ぐっすり眠っているときには意識はありません。意識的なこころはほとんど作動していないのです。しかし同時に、無意識的なこころも感知できません。次に、眠って夢を見ているときのこころの状態では、私たちは理性的な意識もこころもち活動はしていながらも、夢見の荒唐無稽さが示しているように無意識なこころの支配下に入っています。一方、目覚めているときのこころは、意識の支配下にあり、無意識的なこころは退けられています。

そこで、もの想い、すなわち目覚めていながら夢見るこころです。このこころの状態のときには、私たちは半覚醒にあって意識しているところはありながら、無意識にも入っています。もの想いのこころは、意識と無意識の両領域の間で、外界と内界の両界の間で、視聴座が制限されることなく自由に漂い続けるのです。意識と無意識、外界と内界を往還できるこころの状態なのです。もの想いのこころで私たちは、眠りの中で見ている夢がどのように展開するのか、夢見手の私たちにもまるでわからないように、私たちのこころをわからないままに揺蕩わせておくのです。

半跏思惟像

わが国にも古来から、もの想いに近いこころの姿勢についての具体的な表

現様式があるようです。仏像で見られた方は多いと思います。「半跏思惟」です。その姿を描写すると，"左脚を垂れ，右脚を屈げ膝頭に載せて腰掛け，目は半眼に開いて右手を頰あたりに挙げ思いにふける"と表現されます。それは，もの想いのこころの具現化でしょう。起きて夢見ているところは，半眼開きが表しています。右手を頰に挙げているのは，意識的に考えるところを表しているのかもしれません。脚の位置は，ただちに次の動作に移るといった覚醒した姿勢とは対照的です。

　目覚めていながら夢見ているもの想いのこころで，平等に万遍なく漂う注意をもって聴く。これが精神分析での聴き方です。

3．2つの「平等に万遍なく漂う注意」という実践方法

　私は，これまでの私自身の精神分析臨床経験から，平等に万遍なく漂う注意という聴き方は，実際には2つの異なる実践方法を含んでいると理解するに至っています（松木 2012）。そして先に提示したフロイトの表現も，実際，2つの実践方法を含んでいます。

　フロイトは，「なにごとにも特別な**注意を向けず**」と「すべてのことに対して差別なく**注意を向けよ**」と述べているのです。これらの文章は，ごく単純化して読むなら，"限られた何かに注意するのではなく，すべてに平等に注意を向けなさい"と読めて，それでよしとできそうです。しかしながらこの見解を慎重に検討するなら，そこには，注意を停止させることと注意を活動させることという相矛盾した実践方法が述べられていると読むことができます。そして，この矛盾を実際の臨床場面でなんとか止揚することを熟考したとき，私たちの在り方として，平等に万遍なく漂う注意を向ける聴き方と平等に万遍なく漂う注意を向けない聴き方のどちらについても忠実に実行できることがここに見出されるでしょう。というのは，分析臨床の場での実践において，この矛盾する聴き方は，時間差をもって進めるなら，その間に両者の聴き方をどちらも実行することがその解決をもたらすからです。

　それが，平等に万遍なく漂う注意を向ける聴き方と平等に万遍なく漂う注

意を向けない聴き方の実践です。すでに胡散臭い話を聴かされているように感じられている方もおられるのかもしれませんが，それぞれの方法を簡略にまとめると，以下のようです。

1) 平等に万遍なく漂う注意を**向ける**聴き方
　この聴き方は，クライエント/患者の語ることに耳を傾けながら，暗闇を万遍なく照らして回るサーチライトのように，前意識的な心的活動としての注意を，自由に差別なく漂わせることによって，クライエント/患者の無意識的な不安や情動を感知していくことに始まる方法です。

2) 平等に万遍なく漂う注意を**向けない**聴き方
　この聴き方は，注意という意識的前意識的な心的活動はまったく宙に浮かしたままにしておき，こころの自生的な働きから出現する直観によって，クライエント/患者の無意識の事実そのものを感知しようとするものです。

　2つの聴き方の違いは分かられたのではないかと思います。前者は注意の自由な回遊による探索であり，後者は注意を宙吊りにしての直観的理解です。しかし，その実践方法というところでは不十分な説明です。ですから，この2つの精神分析的聴き方を，これからより実際的に述べてみたいと思います。

4. 平等に万遍なく漂う注意を**向ける**聴き方

サーチライトや旋回する鳶というメタファ
　実践方法としての"平等に漂う注意を**向ける**聴き方"は，次のようです。
　クライエント/患者の語ることに受身的に耳を傾けながら，私たちの注意を，暗闇を万遍なく回遊し照らしていくサーチライトのように，差別なく自由に漂わせることによって無意識的な不安や情動を感知していく方法です。
　この聴き方では私たちの注意はひとまず浮遊していて，注意/注目することにある意図性は前意識にとり置かれています。志向性を持たないままに旋

回し，差別なく自由に漂っている注意に，ふとあるところで何かがひっかかること——その何かが能動的な注意を引っ張り出すこと——で，クライエント/患者の無意識のこころの感知が始まります。

　ここでの注意がサーチライトに例えられるのは，適切なメタファに感じられます。このメタファを使って語るなら，無意識という広い暗闇の空間を自由に浮動し回遊しているサーチライトの灯かりや，暗闇の世界に焦点化することなく差別なく照らされる懐中電灯の灯かりが，注意です。そしてその灯かりがキャッチする何かとは，クライエント/患者の無意識の不安や怒り，悲哀等の情動です。こうして感知された不安や情動を取掛かりにして，彼/彼女のこころをより深く理解していくその糸口が見出されます。

　別のメタファを使うなら，天高く自由に飛び回っている鳶や鷹です。鳶や鷹は大空の中で自由に旋回を続けているうちに，移りゆく視界内を万遍なく見ているその目によって，地上の何か動くものを感知するでしょう。その感知をきっかけに鳶や鷹は，小動物——うさぎやねずみ——を発見し，捕獲のための態勢に切り替え突然急降下するかもしれません。しかし，感知したものは，草むらに寝そべっている牛の動く尻尾かもしれません。そうであるなら，鳶や鷹は再び天高く舞い上がり，自由な旋回を再び続けるでしょう。私たちが，注意を差別なく自由に漂わせるように，です。

　そして感知に続く私たちの理解のための作業がなされます。不安や情動の感知に続く面接者の行うクライエント/患者の無意識のこころを理解するための作業としては，その不安や情動を中核に置く彼/彼女の無意識的な思考・空想・感情の文脈（コンテクスト），さらには対象関係の形状（コンフィギュレーション）を読み取ることです。それから続いて，それらが成り立たせているダイナミックな無意識の物語り的展開を読み取ることを進めていきます。このようにして彼らの無意識的空想/内的対象世界，すなわちこころ全体を理解していくのです。

　これからひとつの臨床例を示してみましょう。太字で示したのは，無意識的な不安や情動を感知しているところです。

臨床例

　数年来の不安やパニックを訴える30代後半既婚女性との精神分析セッションからの素材です。

　そのセッションに, 彼女は4分ほど遅れて来室しました。遅刻したことをさほど悪びれる様子は見せることなく, 手短に謝罪のことばを口にした後, カウチに横たわると彼女はすぐに話し始めました。

　やや性急な振る舞いで表情にも少し硬さが認められました。それに伴い, 室内の空気に緊張が現れてきているのを私は感じました。また, 私は何か切迫した不安を今の彼女が抱えているようだが, それは抑え込まれようとしているようだ, その不安はどんなものなのだろうかとそれとはなしに思いました。

　彼女は, このところいらだっていたと語り, 昨夜夫と激しくけんかしたのだと饒舌に語りました。その原因は娘の勉強のことでしたが, 男性担任教師に娘の学習能力の低さをはっきり批判されたことでした。それは予想もしなかったことでしたので, 彼女はかなり動揺したのでした。それで夜に帰宅してきた夫にその出来事を告げたら, 夫は最初は静かに聞いてくれていましたが, 逆に「そもそも, きみは文句を言いすぎる」と夫から怒られたのだと続けました。

　聴いている私の中には, 怒りや憤懣という彼女の感情が感知され, 情緒の混乱らしきものがその奥にありそうに感じられもしました。また, 私への彼女の話しぶりは不安を訴えるというより, 私に向けてやや躁的に挑んでいるように感じられました。そういえば開始時の分析への遅刻の謝罪もなおざりなものだった, との感想も私の中に浮かびました。そして, ここまでの話はその文脈（コンテクスト）から, 娘として語られている彼女の乳幼児部分の劣等の感覚や不安を彼女の大人の部分がなんとか保護しようとしているが, 男性担任教師や夫である私は, 彼女のそうした態度を権威的に横柄に否定していると彼女の大人部分は感じて憤慨していると理解できそうでした。その私/夫‐男性教師に彼女は迫害的に不安ながらも, 挑発の色彩を帯びてもおり, 挑戦的なようだとも思いました。

もの想いの中の私の連想として，一昨日のセッションのことがそれとはなしに思い浮かびました。そのセッションで彼女は終わり際に，父親が自身の母親である祖母を激しく非難するので彼女は祖母を慰めたのでしたが，当の祖母は彼女の慰めに乏しい反応しか示さなかったので彼女は大きく落胆したという過去の思い出を語っていました。それについては，彼女の無力と劣等の感覚，また彼女に対して彼女の思うようには共感を向けない私への彼女の落胆が，私には理解として現れていました。しかし，終了時間がすでに来ていたので，私は何も伝えず，そのセッションを終わったのでした。

このような連想は，そのときの祖母への彼女の態度と娘への彼女の態度，さらには夫の彼女への態度の類似，もしくはつながりを私に思わせました。それはことばにすると，patronizing，どこか横柄で恩着せがましい，と表現できそうな感覚でしたが，そこに私はとどまり，口を挟むことなく耳を傾けていました。

引き続き，彼女は勢いよく話を続けました。それは，今週はずっと夫に腹を立てているという話でした。一昨夜も夫はさっさと自分一人だけで食事をとってしまい，娘は勉強を続けていたため，可哀想に夫と一緒に食事をとれなかったのだと語りました。聴いている私は，娘/彼女の乳幼児的自己の悲哀感と，夫と喧嘩し，今ここで話している彼女の躁的な怒りの間の大きなスプリットを思いました。すなわち，乳幼児的彼女は頼りなく不安で心細く，私に世話されたいのだが，それは娘に投影同一化されて彼女自身のものではなくなっているし，また彼女の patronizing な大人の部分も私に投影同一化されて，私は彼女を横柄に批判するだけで真剣には世話しようとしないと見られていることです。こうして彼女は怒りだけの自分になって，他の感情を寄せ付けなくしているのかもしれないと思いました。その怒りによって彼女の乳幼児部分の世話されない悲しみも，彼女の劣等感をおおう恩着せがましい横柄さも否認されているようだと私は思いました。

そこで彼女の話に耳を傾けながら，私は私の理解を，話し終わった彼女に伝えようとこころしました。ところが，話をひと段落させた後彼女は，間を挟まず，「今朝，夢を見たんです」と言い，その夢を語り始めました。私

は，予定した言語的な介入は横に置き，彼女の話についていくことにしました。夢は次のような内容でした。

> 夢：どこか南の国のようでした。私がいたのは，リゾート地の海辺近くのある建物でした。そこには大きいプールがありましたが，周囲に人は誰もいませんでした。その建物はかなり高くて10階はありそうでした。その建物の屋上から地上まで何本かのホースが伸びていて，私はそのひとつに乗って滑り降りています。滑り降りるスピードはものすごく速くて，少し怖く感じました。それに夏なのに，なんだか寒くも感じました。

夢の話は終わりました。私が尋ねるまでもなく，彼女は連想を語りました。「墜落です」。そして黙ってしまいました。

その夢が語られる間，そしてその後のしばしの沈黙の間，私のもの想いの中に連想が現れました。

夏の南国のリゾート地は，彼女の躁的な快活さを表しているようだ。人のいない大きいプールは寂しさを思わせる，しかしそれは人の目に入っていない。高い建物から滑り降りるという危険な振る舞いを彼女は行っている。それはエキサイティングで挑戦的でもあるが，落下していることとしては躁からの墜落，つまり抑うつに向かっている感触かもしれない，なんだか寒く感じるというのも，抑うつを思わせる，彼女を滑り降りさせているのは，私なのだろう，この分析で怖いほどの早すぎるスピードで私から躁的な防衛が揺さぶられ，現実の彼女，つまり彼女が投影して，ないことにしている彼女の乳幼児部分の劣等や無力の感覚に触れていることや，それを大人部分による横柄な恩着せがましさが投影されている私から直面させられて，抑うつ的になっている彼女がいる，と。

彼女の連想の「墜落」とその後の沈黙は，今まさに彼女がその抑うつにあることを彼女がわかっていることを伝えているように思えました。また，この抑うつには被害感も強度に含まれていることを私は感じました。

これらの理解を私は自分の中でそれとはなしに整理しつつ，彼女に伝わ

る内容とことばを探しながら，私は伝えました。〈そうですね。墜落ですね。今のあなたは墜落していて，腹立てながらも自分の力で世話していくとする大きな力のある大人のあなたから，急転直下，夏のリゾートにひとりぽっちで怖くて，寒い‐心細い幼い子どものあなたになりましたね。その怖くて心細いあなたに私が，あなたの思う夫や男性担任教師のように，気づこうともせず，ましてや世話しようともせずにつらい気持ちにさせていると，あなたは私に怒っているんでしょうね。〉

　少し間を置いて，彼女は答えました。「しばらくすると，この分析の休みが来ます。その休みの間，私が不安やパニックにならずにやっていけるか，ものすごく心配なんです。でも，そんなことは誰も気に留めていない……」。

　彼女は再び沈黙しました。そこには，被害感はありましたが，声の湿りには悲しみがありました。

　私は思いました。ひとりぼっちの幼い彼女が今ここにいて，ひとりで頑張るのではなく，こころへの温かい糧(かて)を求めている。

　しばし沈黙を共有した後，私は彼女に伝えました。〈やがて来るこの分析の休みの間，私はあなたのことをすっかり忘れて，私自身のことにかまけてしまう，すでにそんな私がここにいると，あなたには感じられているのでしょう。あなたは，あなたを横柄に批判するだけで，あなたの不安やひとりの悲しみに気づこうとしていない私に，腹を立てているのですね。〉

　この時に初めて，ここで彼女は肯定的にうなずきました。

　ことばは発しませんでした。けれども，私たちの空気は湿り気が含まれたものに変わり，彼女は，彼女の悲しさや怖さを知る私が彼女といることに十分気がついているようでした。

　このセッションはさらに続きましたが，提示はここまでにしておきます。

〔解説〕

　このセッションで私にまず知覚されたのは，彼女の現実の不在でした。時間になっても彼女は現れず，私は"彼女はどうしたのかな"とちょっと不安

を感じました。最初の不安は私の中に知覚されています。

　遅れて現れた彼女の態度や表情は，何か切迫した不安・感情を彼女が抱えていることを私に気づかせました。それによって，私の中に浮かんでいた不安は，不安という情緒から好奇の感覚に変形されました。彼女は語り始め，私の注意は浮遊し始めました。

　彼女は昨晩の夫との喧嘩にまつわる一連のエピソードを語りましたが，そこで私が知覚したのは，彼女の情緒の混乱でした。それは私の中では，目の前の彼女は大人の彼女として躁的で横柄で挑むような態度で私に向かっているのですが，それは劣等で無力な幼児的な自己を守ろうとする彼女が身に着けてきた方策であろうとの理解に，もの想いの中の知覚，銘記，想起，問い，そして考えることというこころの活動を通して，収束していきました。この理解は，私が解釈として彼女に伝えられそうな言語水準の形態にまで私の中では進みましたが，彼女は続く主題としてリゾートで滑り降りる夢を提示したため，解釈は提示されず，私は夢に耳を傾けながら，もの想いを続けました。

　そして夢は，これまでの彼女の語りの中に含まれていた無意識のコンテクスト（文脈）と重なるものとして私には理解できました。また，その内的なバランスは，高みから挑戦的である大人の彼女から，劣等と無力を感じている彼女の乳幼児の部分がより露わになるという推移を見せているようでした。そこで私はこれらの理解に基づいた解釈，すなわち無力感に苛まれている彼女とその彼女を無視し放置する私が今いて，その私に彼女は怒っていること，を伝えました。

　それに彼女が分析の冬の休みへの不安という発言で応えたのは，抑えられていた彼女の不安が，いまや私との間にヴィヴィドに動いていることを示しています。

　こうして母親との間での乳幼児の彼女の不安が，母親を表す私との間での今うごめいている不安として表わされ，面接室でのその現象を理解することが意図された私の解釈へとつながりました。この解釈は，怖さや悲しみを抱える彼女とそれを理解して共にいる私という現在のふたりの姿を浮かび上が

らせたようでした。

　サーチライトのように注意を漂わせる聴き方によって，無意識的な不安や感情を感知し，そこから，対象との関係を内包する無意識的思考・空想の文脈(コンテクスト)や対象関係の形状(コンフィギュレーション)を把握し，さらにはダイナミックな無意識の物語り的展開を読み取るという進め方で，彼女の無意識的空想/内的対象世界の在り様，すなわちこころ全体を理解していきました。彼女のその無意識の物語りの中にいる私として，その視聴座から面接場面での現象が私に知覚され体験されました。面接場面で今現実化されている彼女のこころの世界を，その中に位置づけられている対象（彼女を無視し放置してつらい気持ちにさせている夫や男性担任教師）として，私は彼女とともに見て感知していくことを，解釈することで試みたのでした。

　ちなみに，私の彼女への語りかけでは，私が理解できたことをそのときにすべてそのまま返しているのではなく，彼女のそのときの消化能力を考え，解釈できる内容を作り提示していることも伝わっているのならうれしく思います。

5. 平等に万遍なく漂う注意を向けない聴き方

　次に，もうひとつの実践方法，すなわち，平等に漂う注意を向けない聴き方を述べていきます。

　"平等に万遍なく漂う注意を**向けない**聴き方"は，**注意**を万遍なく平等に漂わせておき，どこにも向けないものです。注意は棚上げされ，その意図性をまったく残さず，宙に浮いたままに置かれます。無注意のままです。後年ビオンは精神分析での聴き方を語る中で，「知の灯かりを落とします。……真っ暗闇の状況にごく薄い灯かりが，やがて見え始めるのです」と表現しました（Bion, W. 1970 41–54p, 1974 37p）。この聴き方を表しているように私には思われます。言ってみるなら，この方法は，注意という意識的前意識的活動はまったく宙に浮かしたままにしておき，面接者の五感のどれかを自生的に働かせることでの意識化に至らない，こころのあるがままの働きによっ

て，面接室の中でクライエント/患者の表わす**現象全体**を感知しようとしておく，と言えるのかもしれません。

　そして，そこで感知されたものは，面接者によってすぐに注意を向けられることにはなりません。ただそのままに，もの想い reverie の中に漂わされます。感知されたそれらはそのまま宙に浮いたままです。ここが，"平等に漂う注意を向ける方法"との違いです。こうして，次の何かが起こるかもしれないことを**待つ**のです。

　そこで起こること，その理想的な進展を述べると，次のようです。

　聴いている面接者にあるときまったく突然に，クライエント/患者が表わしている現象全体から彼らのこころについての「選択された事実」が直観されるのです。すなわち，そのとき，関連を持たないままに感知されてきていた現象の一群が，突然の直観のうながしによって繋がりのあるひとまとめにされて，以前は有していなかった意味をもつ概念に収まるのです。この「選択された事実の直観」を通して，私たちはクライエント/患者の無意識のこころを知るのです。

　この聴き方は，端的に言えば，宙に浮いたままの注意から一挙に理解へと進む方法です。意識されるところから描くなら，無注意，無心から理解が生じてくるのです。これこそがフロイトが述べた電話機の例えのように，「患者の無意識の派生物から，……無意識そのものを（分析家は自分の中で）再構成する」ということなのでしょう。そして，これは臨床経験から言えることなのですが，この直観による理解こそがクライエント/患者のこころについてのもっとも実感をともなった理解を私たちにもたらしてくれるものなのです。

　これから，臨床例を示してみましょう。太字で示したのは，現象全体を感知したところです。

臨床例

　その女性はこのセッションを，これまでも2，3度語ったことがあった幼

児期に起こったできごとをゆっくりと話すことから始めました。

　彼女が2, 3歳の頃だったでしょうか。昼寝をしていた彼女が起きたら母親はいなかったのです。母親の不在に気がついて、その後どうしたかは彼女は覚えておらず、そのとき母親は買物に行っていたのだったと思うと語りました。この状況説明もかつてもあったものでした。語る彼女の情緒の動きには目立ったものは感じられませんでした。

　何故に今日このときにこの話を彼女は繰り返しているのだろうかと私は思いました。それには何かあるのだろうと思い、それはわからないので、そのままにしました。そして、彼女は重要な対象の突然の不在を語っているようだとも私は思いながら、話を聴いていきました。

　彼女の連想はそこから拡がり、子どもの頃家族旅行などで何処かに一緒に行っていても、父親の用事で急に予定が変わったり、父親だけが用事に戻ったりしたことがあったことを語りました。この話もまた、重要な対象の不在に突然に見舞われるという文脈(コンテクスト)が読み取れました。私は思うとはなしに、彼女の今日の主題は重要な対象の突然の不在なのだろうかと思いました。これらふたつの話題の文脈(コンテクスト)にそれがあるのですから、それについて私が口を挟んでもよさそうでしたが、根拠ははっきりしないながらも私はもう少し待っておこうと思いました。

　それから少しの沈黙を挟んで、彼女の夫がこの週末に突然の旅行を計画したことを、どちらかと言えば淡々と彼女は語りました。彼女も一緒に行く予定でしたから、彼女は急遽仕事の予定を調整しなければならないし旅行の準備もしなくてはいけなくなることを語っていきました。それはなんとかなることであるのは、彼女にはわかっていることも述べていきました。

　私は、この話題は、突然の出来事ではあるが対象の突然の不在ではない、つまりこれまで語られてきた連想の含蓄する文脈(コンテクスト)とは異なるが、それでは今の彼女が表わしていることは何なのだろうと耳を傾けながら私は思いました。もうひとつ思ったのは、語り全体に情緒が平板で、それらの話には気持ちが入っていないようだとのことでした。つまり彼女のそこにないこころの一部、しかし存在の大きい一部は何処にあるのだろうかと思いました。何所にある

のだろうか，この部屋の何処かに漂っているのかもしれないと思うとはなしに思い，見るとはなしに私は視線を漂わせました。

　沈黙に入ったときに，そのようなもの想いを続けている私に，突然に浮かんだことがありました。それは先月のこの面接の状況にかかわることでした。

　先月は私のもう一つの仕事の事情で彼女のセッションを数回続けて休むことになりました。その予定は，実際の休みになる2カ月ほど前には私は伝えていました。ですから休んだことは，決して突然の私の不在ではありませんでした。しかし，彼女の語りと私の連想から私にふいに浮かんだのは，これから起こる私の突然の不在，すなわち私の死を彼女は怖れているということでした。彼女の連想の文脈(コンテクスト)には私に浮かんだこの考えを支持する証拠はないと私は思いましたが，私の感覚には確かさがありました。

　そこで私は彼女に伝えました。〈あなたは，私が突然にいなくなるのではないかと今怖れているようですね〉。彼女は，当惑気味に「そうです。どうしてなのか自分でもよくわからないのですが，今朝起きた後から，先生が癌のような致命的な病気に罹っていて突然にいなくなるのではないかという考えが浮かぶようになっています。でも，それは考えないようにしようと思っていました」と答えました。私は応えました。〈おそらく，それは，休みの多かった先月が終わって，面接が定期的にきちんと行われている，安定した今月だからかもしれませんね。今の私こそが，死んでいなくなる，と〉。

　沈黙して考えた様子を見せた後，彼女は答えました。「そうだと思います。安心しているときこそ，危険ですから」。それから彼女は転入した新しい小学校に慣れ，友達にも馴染んで楽しく過ごせるようになったある日，突然父親の転勤で急遽転校しなくてはいけなくなったという出来事を思い出しました。彼女はそれから現在まで，その土地にもその小学校にも二度と戻ることがなかったことを語りました。

〔解説〕

　彼女の移りゆく連想に耳を傾けながら，私は対象喪失の怖れ，そして無意識の文脈(コンテクスト)として，"重要な対象の不在に突然に見舞われる"という文脈(コンテクスト)を読

み取りました。しかしながら3番目の彼女の話題はそうした理解の証拠となるものではなく，むしろ読み取ったと思った文脈を否定する材料といってもよいものでした。彼女の語りへの私の理解の流れは止まりました。

　そこに私の中にひとつの連想が浮かび上がりました。先月の私の予定された面接の休みに彼女が感じただろうことです。その休みは，彼女には突然なものだったのではないかとの考えです。実際には突然の休みではないということで何を彼女が思ったのかにまでは思い及びませんでしたが，彼女には休みが突然と思えたとのことには確信に近い感覚が私にはありました。そして，今日の彼女の感情の動きは，何が起こっても動揺しないように心しているかのようでした。

　重要な対象の不在，先月の私の休みは突然なもの，動揺を抑えた彼女の態度という3つの要素がほとんど無意識的につながったとき，私の中に閃いたものは，"私の死"でした。そしてそれは，それに基づいた私の解釈に続く彼女の発言によって裏づけられました。またその後の彼女の発言からわかったのは，先月の私の休みは私が入院して身体のどこかの手術，おそらく癌のような致死的な手術を受けたという確信に近い空想をもたらしていたことでした。

　"私の死"は重要な対象の不在でもありますから，彼女の最初の2つの話題が含む無意識の文脈についての理解が不適であったというわけではありませんでした。それは彼女の重要な思考をとらえてはいたのです。しかしながら，彼女の生きた感覚に触れる，より実感ある理解はもっと直観的なところから供給されたのでした。いわば，私の中の何処かから現れたのでした。そしてそれこそが，彼女のこころの中には置いておかれず，面接室内を漂っていた彼女の自己部分のもつ考えでもありました。

　やはり，フロイトの言う「分析家は，患者の提供する無意識に対して，自分自身の無意識を受容器官としてさしむける」とは，この方法を指していると考えられそうです。

6. 臨床実践での実際

その実際

ここまで私は，2つの「平等に万遍なく漂う注意」という精神分析での聴き方を並列して記載してきました。私たちの精神分析的臨床実践では，この2つの聴き方は実際にはどのように用いられているのでしょうか。

ほとんどすべての精神分析臨床家においては，分析の進展状況に応じて2つの聴き方のどちらもが使用されていると思います。精神分析的リスニングでのより深まった理解につながる「平等に万遍なく漂う注意を**向けない**聴き方」の重要性を私は強調しています。実際，精神分析臨床家では，この聴き方を磨くことが大切と考えています。しかしながら，この聴き方だけで全精神分析過程を貫くことは至難であり，不適切かもしれません。

「平等に万遍なく漂う注意を向けない聴き方」

「平等に万遍なく漂う注意を**向けない**聴き方」から直観的な理解がもたらされることを私は述べています。しかし，一言で「直観」と言っても，直観が適切に働くことの困難さはすべての人が知るところでしょう。ふっと浮かんできたものが直観なのか，思いつきにすぎないのか，はたまたきまぐれで当てずっぽうな偏った推量なのかは，その当人もわからないことは日常的によくあることです。ただ，心積もりは大切であろうと思います。つまり，この聴き方が自生的に作動するこころの態勢が訓練によって面接者の中に準備されていることです。その訓練についてはこれから触れていきましょう。

ところで，この聴き方が実践されるためには設定が重要です。精神分析本来の設定である，カウチを使用してその背面に面接者が位置すること，頻度の多い面接セッションを維持することの両者が重要であることは確かです。この外的設定，つまりそのクライエント/患者と週に4回，5回と濃い濃度の会い方を繰り返す一方，見られていることを意識する必要がないところからクライエント/患者に耳を傾け，彼らのみならず面接室全体を観察でき，自由にもの想いにふけることができる設定は，平等に万遍なく漂う注意を向

けない聴き方を保持しやすくしてくれるでしょう。そこに私たちは内的設定として，無心のこころ，目覚めていながら夢見るこころを設けます。それからの時間が流れる中に——たとえば，ニュートンがリンゴの実が枝から地面へ落ちるのを日々それとなく，しかし繰り返し観察していく中で，引力の存在を突然直観したように——ある日のある瞬間，直観がもたらされるでしょう。

「平等に万遍なく漂う注意を向ける聴き方」

　もう一つの「平等に万遍なく漂う注意を**向ける**聴き方」は，意識的には構えず備えないリスニングではあるのですが，無意識的前意識的に作動している注意というサーチライトが向けられる標的は，クライエント/患者の無意識です。より正確に言うなら，彼/彼女の不安等の無意識の情緒と，それが置かれている無意識の思考や感情の文脈，そしてそれに関わる対象関係の形 状（コンフィギュレーション）と規定できるでしょう。ですから，その意味，この聴き方はオリエンテーションと手順があるものです。それらの無意識を読み取る手順に沿って，クライエント/患者のこころについての理解を深め正確なものにする作業を私たちは進めることになるでしょう。

　ケースメント，P.（1985）やラングス，R.（1988）がその著書に描き出していた無意識の思考や感情の文脈を読み取ることに力点を置いている精神分析技法は，このリスニングを基盤にしているものです。それらの著作は彼らの考える，クライエント/患者の無意識の理解のための手順を示しています。こうした実際的な手順の提示もあって，「平等に万遍なく漂う注意を**向ける**方法」は精神分析臨床家に広く使用されているのではないかと思います。

　この聴き方のひとつの特徴は，前者の聴き方が精神分析の伝統的な外的設定を必要とするのに較べるなら，面接構造の設定により柔軟であろうことがあります。ケースメントが精神分析的心理療法家として訓練を始め，その後精神分析家になったことやラングスが精神分析より精神分析的精神療法/心理療法の技法について述べていたように，この聴き方は，精神分析的精神療法/心理療法に向いているところがあります。すなわち，対面法を用い，面

接頻度も少ない外的設定での面接においても実践しやすい聴き方です。端的に言うなら，週に1，2回の頻度の面接セッションと対面法という設定での精神分析的リスニングはもっぱらこの聴き方になるでしょう。

　これはもちろん，直観につながる平等に万遍なく漂う注意を**向けない**聴き方を排除しているものではありません。このリスニングが維持できるならそれに越したことはないのです。しかしながら，如何せん対面法では，それを90度対面法にすることで幾らか和らげることはできても，目の前にいるクライエント/患者からいつも見られているため，私たちが心身ともに緊張を維持し，注意を必要に応じて意識的に作動させないわけにはいきません。このように見られていることを無視できるほど私たちはタフではありませんし，また（感受性の摩耗の結果の）タフであるのはまずいことでしょう。この境遇が，カウチを使用し背面に位置する外的設定に較べると高頻度に，もの想い，目覚めていながら夢見るこころの維持を妨げやすいものであることは明らかです。そうした境遇において平等に万遍なく漂う注意を**向けない**聴き方を維持しようと無理やり努めるよりも，平等に万遍なく漂う注意を**向ける**聴き方を実践することは，ある意味，自然なことではないかと思います。

7．平等に万遍なく漂う注意という聴き方の学習法と訓練

1）平等に万遍なく漂う注意を向ける聴き方

　ここでは，これまでと提示の順序を逆にして，最初に「平等に万遍なく漂う注意を**向ける**聴き方」の訓練を述べていきたいと思います。

　この方法は聴き方のオリエンテーションと手順が明確なので，それらを身に着けていくというところからは，熟達した精神分析臨床家の指導の下で学び鍛えることができるでしょう。

　そうした熟達した臨床家が主宰するセミナーや研究会に参加することで学べるところがあります。これらの会での理論学習は，感情や思考，空想等の概念についての知識を獲得し整理する機会になるでしょう。それらの概念が，臨床場面である現象を私たちが感知したときそれが私たちの中で構成的に位

置づけられるための前概念として置いておかれることで，学習成果の臨床での有用性が発揮されましょう。またこれらの会での事例検討への参加もこの聴き方を鍛えてくれます。そこでは率先して事例を提示することが何より必要です。みずからの実践ケースの提示は，そこで浴びるコメントの打撃で私たち誰もが密かに保持している万能空想を砕かれるため，私たちは傷つきの苦しみを体験します。しかし，この傷つきの経験をどのように学びの経験にするかがとても大切なことなのです。なぜなら私たちがかかわっている人たちはこうした傷つきに苦しみ，それを扱えないままの人たちだからです。その人たちにかかわる私たちこそが，これらの機会に学ばねばなりません。また，傷つくことは怖いことです。しかしそれを怖れているばかりでは何も学べません。

　次に，ケース提示は，面接者の介入の言動を含めたそのままの逐語による最新の1，2セッション記録の検討を中心になされねばなりません。この提示を通して，ひとつの面接セッションでの2人の言語的非言語的交流を細やかに検索できますし，それがこの聴き方の細部をじっくり学ぶ機会になります。研究会後に一人で再度じっくり振り返るのも有用です。また研究会直後の面接に学びを活用できますし，研究会での見解の是非を実際の展開を通して確認する機会にもなります。それに較べて，何十回か，あるいは何百回かの各面接の一部を時系列的にただ冗長に羅列するだけの提示は，細やかな検討ができないしろもので，理解の微細な深まりや技法の向上にはまったく役立ちません。ましてや面接者の介入の発言を一切排除して，ただ患者／クライエントの発言の一部だけを時系列に沿って羅列している事例提示は，検討するだけ時間の無駄です。

　毎週をベースとする熟達した精神分析臨床家の下でのスーパービジョンは，この聴き方，「平等に万遍なく漂う注意を**向ける**聴き方」にはとても有効な学びの機会です。スーパービジョンには個人スーパービジョンとグループ・スーパービジョンがありますが，どちらにおいても学べるものです。力を付けるための訓練としての濃密度からは，これらのスーパービジョンは，当然ながら，毎週ベースであることが基本です。

2つの精神分析的リスニングに立ち返るなら，個人形式にしろ集団形式にしろ，スーパービジョンで教えることができるのはこちらの聴き方であるという方が正確かもしれません。この聴き方は，熟達したよき指導者の指導を受けながら意識的にこの聴き方のオリエンテーションを身に着け手順を繰り返し実践していくことで，それを無意識裡に行えるようになるという性質のものです。臨床場面における訓練・練習によってこの聴き方の態勢が前意識に整え備えられるようになります。

　それは身近なところでは，何らかの熟練工が見せる技に見出されることではないかと思います。もちろん，それは1年や2年で身に着くようなたやすいものではありません。しかし，よき指導者を得て訓練・練習を根気よく重ねるのなら，確実に獲得できる聴き方であると思います。熟練工が生まれるには自らも熟練工である指導者が必要なように，実はこの"よき指導者"というのも重要なポイントなのです。そして，改めて述べるまでもないことなのかもしれませんが，聴き方 ステップ①から④として示した支持的な聴き方を十分マスターしているという基礎が必要です。それが，平等に万遍なく漂う注意を向ける聴き方を上滑りの表面的なものではないものにしてくれるからです。

2）平等に万遍なく漂う注意を**向けない**聴き方

　平等に万遍なく漂う注意を**向けない**聴き方に移ってみましょう。

　この聴き方では，目覚めていながら夢見ているもの想いのこころから発生する直観という面接場面での即時の心的活動が大きな役割を果たします。このこころの活動を向上させるにはどのようにしたらよいのでしょうか。

こころの世界に身を置いていること

　ところで，面接が重ねられる中で，クライエント／患者によって面接場面に投影同一化された彼／彼女のこころの世界の中に，私たちは身を置くことになっているとのことを私はすでに述べています。またそれが，精神分析では"転移"と概念化されている事態であるとも述べました。つまり，投影同

一化というダイナミックなこころの働きが，こころの世界を外在化する"転移"という現象を面接場面にもたらすのです。

転移とは，"私たちの中に蓄積された過去から現在までの（自らの身体を含む）外的できごとと，それに付随した諸刺激に基づいて想像したことを含む内的空想から成っている，今現在のこころの世界の様相そのものが面接空間に投影されていること"なのです。ですから，その面接空間にいる私たちは，私たちが意図するしないにかかわらず，おのずと彼/彼女のこころの世界に身を置いているといえるのです。

五感で感知する

その「身を置いている」との実態に基づくのなら，そこに位置する私たちは，聴くという姿勢に加えて，見る，嗅ぐ，味わう，触れるという五感をきちんと使う方が，より豊かに彼/彼女のこころを感知できるに違いありません。クライエント/患者の表情や身繕い，態度といった視覚を通して感知されるもの，臭いや香りとして嗅覚によって感知されるもの，空気感や雰囲気として味覚的に味わわれるもの，刺々しさや生温かさといった触覚的に感知されるもの等，五感が感知させてくれるものはとても豊饒です。これらの知覚は有効に使われてよいものです。実際，前に「平等に万遍なく漂う注意を**向けない**聴き方」として私が例示した臨床素材の中でも，聴くだけではなく，そうした知覚を私が使っていることに気づかれた方も多いでしょう。それは，クライエント/患者のこころの世界の中にいることを認識しているときにこそ，より鋭く感知されるものです。

ところでフロイトは「想起，反復，ワーキングスルー」という論文で，精神分析の設定と技法のもとで，クライエント/患者は忘れられ抑圧された乳幼児期のある体験を想起せず行動化すること，つまり記憶としてではなく，行為としてそれを再生していると述べています。彼/彼女はその内容を想起し言語化するのではなく，無意識に治療者に対して振る舞っているのです。すなわち，転移は反復強迫性の**行為**であるとフロイトは言います。これが意味する重大なことは，患者の自由連想法，すなわち思い浮かべたことが言語

化されることと，面接者がそれに耳を傾け解釈することという言語的交流が根幹に置かれている精神分析の方法において，その中核的事象は**行為**として現れるとのことにあります。そして，行為であるとのことは，私たちは連想内容だけに耳を傾けることにみずからを限定してしまうのではなく，その行為の観察こそが不可欠であるとのことを意味します。フロイトのこの見識は，私が述べている五感で感知することと敷衍されてよいものでしょう。

聴き方 ステップ⑦ 「聴くことから五感で感知することへ」

周知のように，本書の主題は「聴き方」ですが，今や「聴く」から進展して五感すべてを活用しての「感知」に至りました。私はそこに至るのが，精神分析的リスニングの進展形と考えています。それは，聴き方の次のステップと言えるものです。**ステップ⑦「聴くことから五感で感知すること」**です。

聴くことから五感で感知することへの進展，これがおそらく，ビオンが精神分析における患者理解の到達点として，K（knowing 知ること）からOになること（becoming O 究極の真実・もの自体と一体になること），と述べていることに通じるものであろうと思います。私が述べていることは，その始まりにすぎないとは思いますが，その進展に向かうための基盤となる私たちの姿勢であろうと思います。

私たちが私たちの目の前にいるその人のこころを理解しようとするなら，その人全体に私たちが出会うことで，それが真に達成されるのでしょう。実際，私たちはさまざまな感覚を使って人と出会い，人のこころを知ることを私たちの日常生活では意識することもなく行っています。ただそれは，人との交流，対人交流の一環に収まっているため行動優位であり，こころの理解としてはとらえられにくいものです。

感性を磨く

それでは，この感知の力はどのようにしたら磨かれるものなのでしょうか。

研究会やセミナーの講義で得た知識がこの力量を上げるのにそのまま役に立つとは誰も思われないでしょう。それはその通りです。知識はむしろ邪魔

表8 聴き方 ステップ⑦ 聴くことから，五感で感知することへ

> 聴くことから進んで，五感（聴覚・視覚・嗅覚・味覚・触覚）で感知する
>
> ＋　鍛えられた直感：選択された事実の発見
>
> →　転移の中に生きて，クライエント/患者を感知する

をしかねません。しかし，研究会等での事例の検討は有用なところもあります。そこで提示している面接者によっては，この聴き方を実践しているその様を見せてくれることもあるからです。あるいは熟達者によるコメントにその片鱗を垣間見ることがあるからです。ただし，この事態はそれほど多くはないでしょう。といいますか，むしろ稀であるというほうが正確ではないかと思います。

　それなら，この聴き方をスーパービジョンで学ぶことはできるのでしょうか。私が思うところでは，それは難しいに違いありません。スーパービジョンの場では，どんなスーパーバイジーでも面接室の非言語要素，つまりクライエントの微妙な態度や空気感等をそのまま生きた形で再現することはできないのですから，スーパーバイザーといえども，この聴き方からのコメントは，たとえパラレルプロセス——面接者としてのスーパーバイジーとクライエント/患者との間の関係性がそのままスーパーバイジーとしての面接者とスーパーバイザーの関係にそのまま再現されていること——が作動していたとしても，相当に難しいでしょう。ただ，この再現ができるスーパーバイジーもいないわけではありません。それが学ぶことにつながるかどうかは，スーパーバイザーの力量次第です。

　それでは，学ぶためにどんな方法があるのかと言えば，この方法を使う精神分析臨床家から個人分析を受けることは有用であると思います。その分析の中で直観に基づいた解釈を身をもって体験することができます。しかし

その一方で，その臨床家と自分とは生来の資質や性格が違うことは認識していなければなりません。グロトスタイン，J.が何処かに書いていたのですが，彼がビオンのスーパービジョンを受けていたときにはその良さが感じられなかったが，分析を受けたらまったく違っていて素晴らしいものだったとの感想は，このことのひとつの例のように思えます。

　もうひとつは，自分自身の臨床経験の積み重ねの中で時間をかけて，平等に万遍なく漂う注意を**向けない**聴き方，五感で感知する聴き方を磨いていくものではないかと思います。フロイトが敬愛し，その名を息子にも付けたマルティン・シャルコー――シャルコー病やシャルコーの三徴を始め20を越える疾患や兆候を見出しました――のことばがあります。「事実が語りかけてくるまで，事実を繰り返し繰り返し見ること」。これは，先入見，前概念，すなわち「記憶と欲望を捨てて」無心で面接に臨むことを繰り返すこと，そして面接の場に現れることをそのまま感知し続けることと，精神分析の臨床では言い換えられるのではないかと私は思います。この聴き方の丁寧で丹念な実践の積み重ねによって，それは少しずつ磨き上げられていくものではないでしょうか。日頃の真摯な精進です。

　私たちの臨床の利点は，そのクライエント/患者と繰り返し会う機会をもつことができることです。その利点を，私たちは最大限有効に生かしたいものです。それは，繰り返し会うことを惰性にせず，新鮮な出会いに保つことです。それは，わかったことに，馴染んでいることに，してしまわないことです。「今日の患者は昨日のその人ではない」とビオンは言いました。その新鮮な出会いの中に発見があります。それは実際，かなり難しい作業です。面接室，時間等の精神分析的設定は一定であり，やってくるクライエント/患者も同じ人です。そして前回の面接と同じような話をするかもしれません。あたかもあなたを退屈にするために，その人が来ているかのようにあなたは感じるかもしれません。しかし，この変わらないものの中の変わったものの発見が重要なのです。

　ここには，好奇心の活性化とわからないことに持ちこたえる力が求められるでしょう。しかし，言い換えれば，その両者を鍛えることが，精神分析臨

床での直観を磨くことになるのではないかと思います。

　精神分析的設定の中で聴くことから，精神分析的リスニングは見出されていきました。そこから私たちは，人のこころの深い部分に出会っていきました。こころを知るにはこれらの精神分析の設定は不可欠でした。そして，それは今日もそうです。これまでどれだけ多くの臨床家がこの精神分析の設定を維持することに持ちこたえられず，放棄し，行為による何かを加えることで「改良された新たな」，あるいは「格段に治療効果を高めた」治療法を開発してきたことでしょう。しかし精神分析的設定に留まりつつ，他の知覚を使用することを学んでいくことで精神分析的リスニングを高めていくのが，こころの臨床を深みのあるものにしてくれるのを，私たちはもはや知っています。

　この直観的把握の力に，精神分析的リスニングの深まりとその醍醐味があると私は感じています。また，そのための修練は限りなく続くものでしょう。ゆえにやりがいのあるものなのです。

　最後にもう一度精神分析的リスニングを示しておきましょう。

精神分析的リスニング

ステップ⑤　①から④の聴き方を退け，受け身的に聴く

「あえて，自分を盲目にする」　Freud, S.

「記憶なく，欲望なく，理解なく」　Bion, W.

能動から受動への変換：聴き取ることをやめ，流し聴く

身を控えた受身的な聴き方：方向づけなしに聴く聴き方

ステップ⑥　平等に漂う注意をもって聴く

平等に万遍なく漂う注意　Freud, S.

無注意の注意　前田重治

意図してではなく，必要に応じて，これまでに獲得した聴き方が自主的に働くように準備する（聴き方の順を放棄する）：気持ちを宙に浮かし漂わせた聴き方

平等に万遍なく漂う注意の2種
- 平等に万遍なく漂う注意を**向ける**聴き方
  サーチライトのように，前意識的な心的活動としての注意を自由に漂わせる。
- 平等に漂う注意を**向けない**聴き方
  注意という意識的前意識的な心的活動はまったく宙に浮かしたままにしておく。

ステップ⑦　聴くことから，五感で感知することへ

聴くことから進んで，五感（聴覚・視覚・嗅覚・味覚・触覚）で感知する

　+　鍛えられた直感：選択された事実の発見

　　→　転移の中に生きて，クライエント/患者を感知する

終　章　「負の能力」を育てる

1. "学　び"

　私たちはずっと学んできました。小学校や中学校は，明らかに学ぶ場として私たちがそこに参入することを求められ，そうしてきたところです。それから大学，さらには大学院等に至るまで，学ぶ道のりを長く歩んできたことでしょう。職業的専門資格を得るためにも，それからも多くを学ぶことが必要でした。現代の社会でより安心感を抱いて生きていくことを思うとき，こうした学ぶ姿勢はあまりに当然なこととして疑問の余地はないことのようです。何らかの資格を得た後も，学ぶことは大事なことであり，その資格を保持するためや，それ以外にも必要なことでしょう。
　ところで私は"学ぶ"という表現を無造作に使っていますが，これまでの文において，"学ぶ"の前提に，「必要な既存の正しい知識を」，「偏りのない正確な理解で」という表現が置かれるべきことを認識しています。学校教育での"学ぶ"ということは，必要な既存の正しい知識を正確に理解すること，覚えることなのです。
　しかし，それだけなのでしょうか。そうではないようです。
　私は医学生のとき，臨床講義という患者供覧の授業――その講義の対象の疾病に罹患している患者に来てもらい，学生の前で教授が診察する授業――に出て，大変驚いたことがありました。そこで提示される疾患の多くが，原因はいまだわからない，治療法も未確立で治癒は期待できないというものだったのです。そこでの必要な正しい知識とは「不明」，「究明の途上にある」

ということでした。それまで私は医学部での学びとは，疾患や治療に関する必要な既存の正しい知識を正確に理解すること，覚えることと思っていましたので，医学ではあまりに多くのことがわかっていないことが，当時の私には衝撃だったのです。

　しかし，これが世の事実です。世には，わかっていることもありますが，わかっていないことが無尽蔵にあるのです。ですから，学ぶということでは，わかっていることについての必要な既存の正しい知識を正確に理解すること，覚えることはその一側面に過ぎず，もっと大きな側面に，わかっていないことがあることを知り，わかっていないことを受け入れるということがあるのです。

　そしてこれは，外界の事物に限定して当てはまることではありません。熟考するなら，私たちは私たちの身近な人たち——たとえば，両親，兄弟，配偶者，子ども——についてわかっていないこと，知らないことがあまりにあることに気づかないわけにはいかないでしょう。それに加えて，私たちは私たち自身についてなんと知らないことでしょう。

　しかし，私たちは幼い頃から私たちの視線をわかっていることをわかるようにする方向へと向けるように，既存の正しい知識を正確に理解すること，覚えることを教育されてきました。ですから，私たちはあたかもわかったかのように，わかっているかのように，ことに対応してしまいやすいのです。

2. わからないこと

　「わからないこと」は，私たちを不安にします。それは，私たちがあたかも無能である，劣等で無用であると断定されてしまいそうな恐怖を私たちの中にかき立てます。その恐怖に私たちは耐えられなくなってしまうのです。しかし，わからないことこそが，真の意味で私たちが学ぶ機会を提供してくれるのです。なぜなら，わからないことに持ちこたえて得られた理解は，その人にとって他の何にも代え難い唯一無二の自分の理解——それはパーソナルな発見であり創造であるもの——をもたらしてくれるからです。

表9 負の能力

> 負の能力 negative capability
>
> 「真実や道理を得ようといらだってあがくことなく，不確実さ，神秘さ，疑惑の中にいることを，ある人物ができるとき」
>
> Keats, John [George and Thomas Keats への手紙　1817年12月21日]

　それが，「生きた理解」と言われているものでしょう。そこで前提は，わからないことに持ちこたえることなのです。

　私たちがこころの臨床でクライエント/患者に耳を傾けているとき，そこにわかることが見つかるとしても，わからないことこそがもっと遥かに私たちに感知されるものです。そして，そのわからないことにこそ，その人らしさ，その人のこころの真実がありうるのです。ですから，私たちは安易に既成の知識を当てはめてわかったことにせず，わからないことを大切にしなければなりません。わからないことがわかるまで持ちこたえなければなりません。シャルコーやフロイトがそれを実践したことはすでに述べました。

　「負の能力」が，それを意味することばです。詩人ジョン・キーツは，「真実や道理を得ようといらだってあがくことなく，不確実さ，神秘さ，疑惑の中にいることを，ある人物ができるとき」という説明を加えて，負の能力について記しています。

　ビオンは，「患者に馬鹿にされることを許せない分析家には大きな問題がある」と言いました。今この場で面接者を軽蔑し馬鹿にしているクライエント/患者がいるとしたら，その彼/彼女はいったいどんなわけで私たちを馬鹿にしているのでしょうか。この事態を解消しようと，既存の正しい知識――"羨望"や"陰性反応"等――を持ち込んで理解することに急いで走り込んでしまわず，彼/彼女の態度や発言をわからないこと，わかっていないこと

としてもちこたえておくことから，その人を真に理解する機会が得られるのです。

　このとき私たちがこの投影同一化/転移に耐えられず，彼/彼女の発言を遮ることや自己開示をすることや，どこかから手に入れたマニュアル的対応法で，投影状況，転移状況から抜け出ようとするなら，彼/彼女のこころを真に理解する機会を私たちから放棄することになります。ここに「負の能力」が求められるのです。

　投影を受け容れながら，感情的に，さらにはわからなさに持ちこたえてそれらに気づき，その空間で体験していることと私たち自身のこころを味わうなら，そこから私たちの中に，その被投影体験が実感される分節化された考えが現れ，それがクライエント/患者のこころの理解となるのです。

　こうした経験の理解に有用な問いがあります。すでに述べていますが，それは，みずからの感情を吟味しながら，「今ここでの彼/彼女と私は，いったい誰と誰で，何をしているのか，そしてここはいったい何処なのか」と面接室のふたりと面接空間自体を外から眺望する視座からの問いです。

　おそらくこころの臨床では，わかったことから既成の解答を見つけ提供するよりも，わからないことから問いを見出すことの方が遥かに重要なのだと思います。なぜなら，その答えをクライエント/患者自身が発見する，あるいは創造することこそが，彼/彼女がよりよく生きていくのに必要な達成であり，私たちにほんとうに求められている専門的援助だからです。

　ビオンは語っています。「精神分析はわからないことを教える方法ではありません。精神分析は，何かを発見するためのなおいっそうの疑問なのです」(Clinical Seminar 1987)。そうであるがゆえに，私たちは耳を傾けるのです。

[附表] 聴き方――支持的聴き方から精神分析的リスニングまで

I. 共感と受容のための支持的な聴き方

ステップ①

語り表されることをそのままに受け取り，そのままついていく

すなわち

傾聴しつつ観察しつつ

クライエントの立場に立ち，思いに批判なく添ってみる

「自分の足を他者の靴に入れる」
Putting oneself into someone's shoes

批判を入れず，ひたすら耳を傾ける

ステップ②

客観的に聴く

クライエントの語ることを客観的な事実ととらえてしまわず，

「……とこの人は思っている」という客観化した視点から聴く

それは事実であるが，そのクライエントの主観的事実である，心的事実である

臨床家であるためには，ステップ①「批判を入れず，ひたすら耳を傾ける」とともに客観的に聴くこと

ステップ①とステップ②のほどよいバランスを育てること

ステップ③

私自身の体験，思いと重ねて味わい聴く：こころの深みを並走すること

彼/彼女のこころの痛み，苦しさを，

自分のそれ[共通感覚]と重ねて味わい理解する

そのクライエントの主体的な感覚を体験的に知ること：真の共感

ステップ④

同じ感覚にあるずれを細部に感じ取る

彼/彼女の思いや思考の動きと私の内なる思いや思考の動きのずれから湧き上がる"問い"を吟味する

「なぜ，この人はこう考えていく。なぜ，こうする」

既得の知識の外からのあてはめではない，こころの内側から生まれる，その人個人の在り方の理解

ステップ③と④は，両者が2本の線路が平衡に走るひとつの軌道のようで，そうではないそのずれも見えてくる

II．精神分析的リスニング

ステップ⑤

①から④の聴き方を退け，受け身的に聴く

「あえて，自分を盲目にする」 Freud, S.

「記憶なく，欲望なく，理解なく」 Bion, W.

能動から受動への変換：聴き取ることをやめ，流し聴く

身を控えた受身的な聴き方：方向づけなしに聴く聴き方

ステップ⑥

平等に万遍なく漂う注意　Freud, S.

無注意の注意　前田重治

意図してではなく，必要に応じて，これまでに獲得した聴き方が自主的に働くように準備する（聴き方の順を放棄する）：気持ちを宙に浮かし漂わせた聴き方

平等に万遍なく漂う注意の2種
- 平等に万遍なく漂う注意を**向ける**聴き方
  サーチライトのように，前意識的な心的活動としての注意を自由に漂わせる。
- 平等に漂う注意を**向けない**聴き方
  注意という意識的前意識的な心的活動はまったく宙に浮かしたままにしておく。

ステップ⑦

聴くことから，五感（聴覚・視覚・嗅覚・味覚・触覚）で感知する

　＋　鍛えられた直感：選択された事実の発見

　　→　転移の中に生きて，クライエント/患者を感知する

文　献

芥川龍之介（1921）：藪の中．角川文庫，1972
Appignanesi, R.（1979）：Freud for Beginners. Writers and Readers Publishing, London. 加瀬亮志訳（1980）：フロイト．現代書館
Baker, R.（1952）：Sigmund Freud for Everybody. Popular Library Edition, New York. 宮城音弥訳（1981）：フロイト──その思想と生涯．講談社
Bion, W.（1962）：Learning from Experience.
Bion, W.（1963）：Elements of Psycho-Analysis.
Bion, W.（1980）：Bion in New York and Sao Paulo.
Bion, W.（1992）：Cogitations. Karnac Books, London
Bion, W.（1994）：Clinical Seminars and Other Works. Karnac Books, London. 祖父江典人訳（1998）：ビオンとの対話，そして，最後の四つの論文．金剛出版
Britton, R.（2003）：Sex, Death, and the Superego. Karnac Books, London
Casement, P.（1985）：On Learning from the Patient. Tavistock Publication, London. 松木邦裕訳（1991）：患者から学ぶ．岩崎学術出版社
Freud, S.（1905）：Fragment of an Analysis of a Case of a Hysteria. SE7. 細木照敏・飯田眞訳（1969）：フロイト著作集 5．人文書院
Freud, S.（1909）：Analysis of a Phobia in a Five-Year-Old Boy. SE10. 高橋義孝・野田倬訳（1969）：ある五歳男児の恐怖症分析．フロイト著作集 5．人文書院
Freud, S.（1912）：Recommendations to Physicians practicing Psycho-Analysis. SE12 Translated by Strachey, J. 1958. Hogarth Press. London; Recommendations for Physicians on the Psycho-Analytic Method of Treatment. Collected Papers. Vol.2 Translated by Reviere, J. 1924 Hogarth Press. London; Ratschläge für den Arzt bei der psychoanalytishen Behandlung GW8. 小此木啓吾訳（1983）：分析医に対する分析治療上の注意．フロイト著作集 9．人文書院；須藤訓任訳（2009）：精神分析治療に際して医師が注意すべきことども．フロイト全集 12．岩波書店
Freud, S.（1914）：Remembering, Repeating and Working Through. SE 12. 藤山直

樹監訳（2014）：想起すること，反復すること，ワークスルーすること．フロイト技法論集．岩崎学術出版社．

Freud, S.（1916）：Letter to Lou Anderas-Salomé 1916.5.25. In Freud, E. Ed. Sigmund Freud, Briefe 1873-1939. S. Fischer Verlag. 1960. 生島敬三他訳（1974）：書簡集．フロイト著作集 8．人文書院

Freud, S.（1916）：Some Character-Types Met with in Psycho-Analytic Work. 佐々木雄二訳（1970）：精神分析的研究からみた二，三の性格類型．フロイト著作集 6．人文書院

Greenson, R. R.（1967）：The Technique and practice of Psychoanalisis volme One. International Universities Press, New York

Langs, R.（1988）：A Primer of Psychotherapy. Gardner Press. New York. 妙木浩之監訳（1997）：ラングス精神療法入門．金剛出版

前田重治（1999）：「芸」に学ぶ心理面接法．誠信書房

松木邦裕（2012）：精神分析的方法についての覚書——現象・理解・解釈．細澤仁編（2012）：松木邦裕との対決——精神分析的対論．岩崎学術出版社

松木邦裕（2012）：gleichschwebende Aufmerksamkeit についての臨床的見解——精神分析の方法と関連して．精神分析研究 56(4), 409-417

Matte-Blanco, I.（1988）：Thinking, Feeling, and Being. Routledge. London. 岡達治訳（2004）：無意識の思考．新曜社

Meltzer, D.（1967）：The Psychoanalytical Process. Clunie Press. Perthshire. 飛谷渉訳（2010）：精神分析過程．金剛出版

西平直（2014）：無心のダイナミズム．岩波現代全書．岩波書店

小此木啓吾編（2002）：精神分析事典．岩崎学術出版社

あとがき──もしくは，こころの臨床での専門家を目指す人たちへ

「聴くこと」について著わすニーズは，こころの臨床を始める大学院生の教育・訓練にかかわることを通して私の中に芽生えてきました。それまで教育・訓練としておもにパーソナル・アナリーシス，スーパービジョンや研究会でかかわってきた臨床家たちは，すでに初心者の域を出ている方たちがほとんどでしたから，大学院生との出会いは新鮮ではあるのですが，私を戸惑わせるに十分なものでもありました。

彼らの中に，いずれ研究職に就くにしても，こころの臨床での専門家となるにはその道での十分な訓練が必要であるという認識が欠けているように見える人たちがいるようでした。その結果，ある人たちは順調に伸びていきますが，在学期間にまったく成長していないと感じられる人たちもいます。あるいは，歪んだ，もしくは困ったと表現できるかもしれない方向に向かっているように見える人たちもいます。

もちろん，そこには多くの要因があるのでしょうが，私に強く認識されたのは，"こころを聴く"というもっとも基本的な技能が身に着いていないことと，前述した持続的な訓練・修練という学びの姿勢の不在でした。聴き方の身に着け方を執筆することに意義があるかもしれないと思い至ったのは，彼／彼女がこころの臨床家として成長していくのに，それが私にできそうな手助けになる可能性を感じたところからでした。

本書ではたびたび訓練や修練，学習に言及していますが，そこにはこうした背景があります。もちろんあらゆるこころの臨床は，実践において学び修練していくものであり，聴き方は，本書にも繰り返し記しているように，臨床実践を踏まえたスーパービジョンや個人分析の経験から実感をもって学ぶものです。そして，そのためには優れたスーパーバイザーや分析家，心理療法家に出会う必要があります。その意味，本書が貢献するところは僅かでしかありません。ただ臨床家としての向上を志す厳しい旅の途上には，手書きの地図も役に立つことがあるかもしれないと思います。

未だ経験の少ないこころの臨床に携わっている方々の目に留まり，それらの方々が本書に手を伸ばしてくれるなら，私個人には大変うれしいことです。

　この3年間に，幾つかの精神分析セミナーや研究会，勉強会において本書に記載している聴き方の一部を，修正を加えつつ提示してきました。その機会をくださいました主宰の皆様，またさまざまなご意見をくださいました参加者の皆様に感謝いたします。それらの意見が本書には反映されています。また，本書に使用している面接場面の描写の中には，それらの研究会等で提示されたものに私が大きく手を加え，匿名事例として提示しているものがあります。その匿名の面接者と匿名のクライエント/患者に感謝いたします。

　すでに述べましたように大学院で働くという機会が得られていなければ，本書は構想されることもなかったと思います。そうした機会を気持ちよく分かち合ってくださっている同僚教員の皆様に感謝いたします。

　本書カバーの「イスタンブールの猫たち」を快く提供してくれた天下谷恭一さんにここに感謝いたします。

　本書の完成には3年を超える歳月を要しました。それはまったく予想外でしたが，原因は，私自身の多忙という自業自得にありました。そのため，例によって，本書を書く時間を確保するために多くの方たちに不義理を重ねました。皆様の寛大な許容に感謝します。続けて私は，本来のテーマである転移論を書かねばなりません。さらなる寛大さをお願いすることになります。

　岩崎学術出版社の編集長である長谷川純さんには，まったく未完の草稿に丹念に目を通していただき，多くの助言をいただきました。また，出版に至るまでさまざまにお世話になりました。ここに感謝申し上げます。

出窓からの冬の眺めに過去を想いながら

松木 邦裕

人名索引

芥川龍之介　*52*
アドラー Alfred Adler　*70*
小川三夫　*51*

キーツ John Keats　*158*
クライン Melanie Klein　*71*
グリーンソン Ralph Greenson　*116*
グロトスタイン James Grotstein　*153*
ケースメント Patrick Casement　*146*

シェイクスピア　*70*
シャルコー Jean-Martin Charcot　*153, 158*
世阿弥　*110*

西平直　*110*

ビオン Wilfred Bion　*8, 104, 109, 119, 140, 153, 158, 159*
フロイト Sigmund Freud　*8, 70, 75, 103, 106, 116, 129, 130, 141, 144, 150, 153, 158*

前田重治　*8, 110, 127*
マテ・ブランコ Ignacio Matte-Blanco　*114*
メルツァー Donald Meltzer　*119*

ユング Carl Jung　*75*

ラングス Robert Langs　*146*

事項索引

あ行

アスペルガー障害　20
アセスメント/診断のための面接　55
熱ものに懲りて、なますを吹く　63
生きた理解　158
一期一会　111
一心不乱に集中する　5
慇懃無礼　22
エディプス・コンプレックス　75
0になること　151
思い入れが強すぎる人　63

か行

飼い馴らす　23
"かのような"出会い　21
"かのような"理解　19
感性を磨く　151
聞いているだけ　28
「記憶なく、欲望なく、理解なく」　8, 104, 107, 127
聴き方
　　一定距離を置いた——　50
　　"かのような"——　19
　　三次元的な——　68
　　支持的な——の第一歩　33
　　二次元的な——　67
　　深い——　8
　　没入する——　48
聴く
　　一生懸命に——　17
　　こころを——　30
　　主観的世界の中で——　112
　　知識・常識から——　54
　　流し——　103
　　熱心に——　5
　　無心に——　49
聴くことから五感で感知すること　151
基礎技量を身に着ける　88
木のことは、木に聴け　7, 102
急性精神病　61
共生関係　29
共通感覚 common sense　69
「今日の患者は昨日のその人ではない」 153
虚偽　76
クライエント/患者のヒント　29
君子、危うきに近寄らず　63
K　151
形状 configuration　118, 134, 140, 146
傾聴する　29
現象全体　141
好奇心の活性化　153
行動化　75, 126, 150
五感で感知する　150
克服する　71
こころに触れること　20, 22
こころの空間を使う　82
こころの臨床
　　——の達成課題　4
こころを揺蕩わせる　96
個人分析　65, 77, 152
コンテイニング　119

さ行

サーチライトのメタファ　*133*
三次元的空間　*82*
自己開示　*126, 159*
自己分析　*77*
支持療法
　　——の基本　*10*
　　——の難しさ　*88*
視聴の座　*111*
自転車の乗り方　*11*
自明性の喪失　*112*
情緒の嵐　*119*
心気症　*12*
人工的に自分を盲目にする　*103*
信念　*118*
"過ぎたるは，なお及ばざるが如し"
　　106
スクリーン・メモリー　*70*
鋭い感性が内包する危険性　*79*
精神病　*112*
精神分析的精神療法／心理療法　*146*
「精神分析に現れる性格類型」　*70*
成長できる若手臨床家　*62*
性倒錯　*75*
世界観　*118*
選択された事実　*141*
羨望　*76*
専門性の厳しさ　*74*
双眼視　*58, 81*
躁的防衛　*137*

た行

退行　*18, 118*
対象の不在　*142, 143, 144*
対面法という設定　*147*
他者の靴に自分の足を入れてみる　*34*
知識　*151*
　　——・常識に頼ることの陥穽　*56*
　　正しい——　*156*
知の灯かり　*140*
中断　*49*
超越ではない　*106*
直観　*141, 145, 154*
　　——的理解　*133*
通用しないケース　*49*
できるだけ真っ白に近いこころ　*104*
転移
　　——空間　*115*
　　——の理解　*117*
トイレとしての乳房　*119*
問いを見出す　*159*
投影　*27*
投影・逆・同一化　*27*
投影同一化　*72, 115, 118, 120, 122, 123, 124, 129, 136, 149, 159*
「……と，この人は思っている」　*53*
とり入れ　*73*

な行

内的世界　*115*
ナルシシズム　*64, 80*
人間観　*118*

は行

半跏思惟　*131*
反共感（反・共感的）　*12, 13*
反社会　*76*
ハンス症例　*130*
反復　*116*
反復強迫性の行為　*150*
ヒステリー　*14, 18*
感覚（フィーリング）での記憶　*70*
『風姿花伝』　*110*
二人組精神病　*59*
負の能力　*126, 158*
保護室での経験　*60*
ほどよいバランス　*59*

ま行

学ぶ
　患者から——　　*7, 65*
　上級者に——　　*6*
　まずかった経験から——　　*63*
自らの思い・感覚に触れておく　　*73*
耳を傾けること　　*4*
宮大工　　*102*
　——の修行　　*51*
無意識の集合　　*114*
無意識裡の投影ととり入れ　　*79*
無心　　*109*
無注意の注意　　*8, 127, 128*
目覚めていながら夢見るこころ　　*131, 146, 149*

もの想い reverie　　*131, 137, 139, 141, 143, 149*

や行

『藪の中』　　*52*
揺れる／揺さぶられる　　*107*
よき指導者　　*149*
抑うつ　　*137*

ら・わ行

ラポール　　*23, 95*
『リチャード三世』　　*70*
倫理観　　*76*
わからないことに持ちこたえる力　　*153*
「我思う故，我あり」　　*112*

著者略歴

松木邦裕（まつき　くにひろ）
1950年　佐賀市に生まれる
1975年　熊本大学医学部卒業
1999年　精神分析個人開業
2009年　京都大学大学院教育学研究科教授
現　在　精神分析個人開業，京都大学名誉教授，日本精神分析協会正会員
著　書　「対象関係論を学ぶ」（岩崎学術出版社），「分析空間での出会い」（人文書院），「分析臨床での発見」（岩崎学術出版社），「私説対象関係論的心理療法入門」（金剛出版），「精神分析体験：ビオンの宇宙」（岩崎学術出版社），「分析実践での進展」（創元社），「不在論」（創元社），「精神分析臨床家の流儀」（金剛出版），「摂食障害との出会いと挑戦」（共著，岩崎学術出版社），「こころに出会う」（創元社）その他
訳　書　ケースメント「患者から学ぶ」，「あやまちから学ぶ」，「人生から学ぶ」（訳・監訳，岩崎学術出版社），ビオン「ビオンの臨床セミナー」（共訳，金剛出版），「再考：精神病の精神分析論」（監訳，金剛出版），メルツァー「クライン派の発展」（監訳，金剛出版）その他

耳の傾け方
―こころの臨床家を目指す人たちへ―
ISBN978-4-7533-1091-3

著 者
松木邦裕

2015年6月12日　第1刷発行
2025年1月29日　第9刷発行

印刷　広研印刷(株)　／　製本　(株)若林製本

発行所　(株)岩崎学術出版社　〒101-0062 東京都千代田区神田駿河台3-6-1
発行者　杉田 啓三
電話 03(5577)6817　FAX 03(5577)6837
©2015　岩崎学術出版社
乱丁・落丁本はおとりかえいたします　検印省略

体系講義 対象関係論（上）──クラインの革新とビオンの継承的深化
松木邦裕著
フロイト，アブラハムの業績から対象関係論の本体としてのクラインを詳説

体系講義 対象関係論（下）──現代クライン派・独立学派とビオンの飛翔
松木邦裕著
現代クライン派精神分析の解説に加え独立学派を展望

対象関係論を学ぶ──クライン派精神分析入門
松木邦裕著
徹底して臨床的に自己と対象が住む内的世界を解く

精神分析体験：ビオンの宇宙──対象関係論を学ぶ 立志編
松木邦裕著
構想十余年を経て，待望の書き下ろし

耳の傾け方──こころの臨床家を目指す人たちへ
松木邦裕著
支持的な聴き方から精神分析的リスニングへ

道のりから学ぶ──精神分析と精神療法についてのさらなる思索
P・ケースメント著　上田勝久／大森智恵訳　松木邦裕翻訳協力
ケースメントの「学ぶ」シリーズ第5弾

患者から学ぶ──ウィニコットとビオンの臨床応用
P・ケースメント著　松木邦裕訳
治療者-患者関係を再構築した新しい治療技法論

米国クライン派の臨床──自分自身のこころ
R・ケイパー著　松木邦裕監訳
明晰かつ率直な形式で書かれた精神分析についての卓越した分析

連続講義 精神分析家の生涯と理論
大阪精神分析セミナー運営委員会編
フロイトから現代米国まで発展に貢献した分析家の生涯と思想